中外新闻专业
实践教育比较研究

◎王明光　黄先义　等　编著

ZHEJIANG UNIVERSITY PRESS
浙江大学出版社

图书在版编目(CIP)数据

中外新闻专业实践教育比较研究 /王明光等编著
. —杭州:浙江大学出版社,2016.12
ISBN 978-7-308-16511-2

Ⅰ.①中… Ⅱ.①王… Ⅲ.①新闻学－比较教育－
教育研究－世界－文集 Ⅳ.①G210-53

中国版本图书馆 CIP 数据核字(2016)第 314166 号

中外新闻专业实践教育比较研究

王明光　黄先义　等 编著

责任编辑	杨利军	
文字编辑	陈　翾	
责任校对	沈巧华	
封面设计	续设计	
出版发行	浙江大学出版社	
	(杭州市天目山路 148 号　邮政编码 310007)	
	(网址:http://www.zjupress.com)	
排　　版	浙江时代出版服务有限公司	
印　　刷	杭州日报报业集团盛元印务有限公司	
开　　本	710mm×1000mm　1/16	
印　　张	10.5	
字　　数	125 千	
版 印 次	2016 年 12 月第 1 版　2016 年 12 月第 1 次印刷	
书　　号	ISBN 978-7-308-16511-2	
定　　价	32.00 元	

前　言

　　新闻学是一门专业性、技术性、实用性很强的学科,随着我国市场经济的发展和科学技术的不断进步,新闻业迎来了大发展、大繁荣。但是,我国的新闻专业教育学与用结合不够紧密,新闻实践教学和人才培养尚需加强,新闻专业实践教育和实务人才培养因此成为业界和学界热议的话题和研究的重点。本书对国内外新闻专业实践教育方式及途径进行调查研究和比较分析,不仅为我国高校新闻专业实践教育提供了借鉴,而且为提高我国新闻专业教育质量和新闻专业建设水平,推进我国新闻媒介产业化、国际化步伐,提供了理论支持。中外新闻专业实践教育比较研究,积极探索了我国新闻专业教育深入发展的一个新领域,通过国内外新闻专业实践教育的调查和比较研究,可以梳理新闻专业实践教育发展的全过程,总结国内外新闻专业实践教育的利弊得失,为我国新闻专业实践教育提供有益的参考。

　　新闻专业实践教育,包括新闻思维的培养、新闻从业行为的指导和新闻业务技能的训练。过去关于新闻专业实践教育的系统研究很少,对国内外新闻实践教育的比较研究则更少。

改革开放以来,我国新闻业的改革进一步深化,新闻的信息传播功能和市场功能得到进一步强化,新闻的实践性和应用性得到广泛认可,很多业界专家和学界学者也意识到要从根本上加强新闻专业教育改革,关键是加强和改进新闻专业的实践教育环节。为了培养适应市场需求的新闻专业人才,就必须加强新闻专业素质养成教育,加快人才培养和媒体对接的步伐,适应媒体发展的需要。

国内业界专家和学界学者近几年对高校新闻专业实践教育进行了一些有益的探索,主要表现为:重视实验平台的建设,着力提高课堂实训的效果;开辟校内实习基地和校外媒体实习基地,努力提高学生的准职业化水平;高校与媒体合作,加强实践教学环节,探索创新新闻人才培养的模式。尽管如此,我国当前的新闻专业实践教育研究还存在着一些不足:一是个案研究较多,缺乏深入、全面、系统的研究;二是缺乏国内外新闻实践教育系统的实证研究和比较研究;三是新闻实践教育研究与业界需求脱节,忽视了实践教育与业界需求的对接研究;四是新闻专业理论教育和实践教育没有有效结合,缺乏针对性。

比较而言,国外新闻专业教育比较重视新闻的实践性,将实践教学贯穿于专业教育的始终。如美国的新闻专业教育实行的以实务训练为本位、社科为依托、人文为目的的专业教育模式,法国斯特拉斯堡大学新闻教育中心的"集体海外实习"实践教学形式,英国新闻教育的"学徒式"报馆新闻训练模式,等等。这些国家新闻媒介市场化起步较早,市场化程度较高,新闻专业实践教育发展相对成熟。而且国外对新闻实践教育的研究起步也较早,例如,美国密苏里大学新闻学院的创建人沃尔特·威廉姆斯提出"最好的学习新闻和广告的方法是实践";美国西北大学新闻学院的理念是"新闻是做出来的,不是教出来的";查里斯·F.温格特在《新闻采访和见解》中提出"新闻教育职业化";卡洛琳·布朗、史蒂芬·沃恩在《维拉德·布莱叶与新闻教育的相关问题》中提出了通识教育和批判性思考的职业训练等问题;施拉姆等著《报刊的四种理论》提出了新闻教育的社会责任问题。

加强新闻专业实践教育是适应我国新闻事业发展的需要,为此,我们需要增强新闻专业教育的针对性、适应性,培养适应社会需要的新闻专业人才;强化师资队伍专业建设,建立既有业界背景又有学界经验的教学团队;探索适应我国国情的新闻专业实践教育模式,实现理论教育和实践教育的有机结合,构建科学合理的新闻专业实践教育模式。

本书的研究针对目前我国新闻专业重理论轻实践、理论与实践脱节等情况,对我国新闻专业教育进行较为系统的调查分析、中外对比,探索了适应我国国情的行之有效的新闻专业实践教育运行模式和评价体系,以适应时代对新闻人才的要求。书中关于国内外新闻专业实践教育的比较研究,具有一定的现实意义,且研究领域具有创新性。新闻专业实践教育研究受到多种因素的影响,涉及业界、学界相关领域,需要多学科通力配合。涉及面广泛、多学科综合研究,是本书的一个亮点。

各篇论文的作者坚持实事求是的观点,尊重历史、尊重国情,勇于创新,结合国外新闻专业实践教育经验,以改进和完善我国新闻专业实践教育、培养适应媒体和社会需求的新闻专业人才为目标,从国内外新闻专业实践教育对比入手,总结了国内外新闻专业实践教育的成功经验和模式;有针对性地走访、调查了部分新闻媒体,了解了当前新闻媒体对新闻专业人才的素质、知识、能力等方面的要求,收集了当前新闻媒体对新闻专业实践教育的意见和建议;认真分析了高校新闻专业实践教育的问题与优势,提出了相关建议和具体措施,最终形成一部具有现实指导意义的操作性较强的论文集。期待本书能为我国新闻专业实践教育改革提供借鉴和参考。

王明光

2016 年 5 月于杭州

目　录

一

二

三

四

港台新闻教育理念与教学模式

——以香港浸会大学、台湾世新大学为例

王明光*

时代性、实践性、应用性是新闻专业教学必须体现的特点。2013 年 7 月,受浙江大学城市学院传媒与人文学院委托,笔者带领 27 位同学,赴台湾世新大学参加了为期 2 周的交流学习活动。2014 年 1—2 月,笔者又在香港浸会大学进行了为其近 2 个月的短期访学。笔者根据自己在香港浸会大学和台湾世新大学的访问与调研,记录和探讨了这两所大学的办学方针、教育教学理念及具本做法——让学生的素质在实践过程中养成、在实践过程中提高。其做法令人耳目一新,给人以启示,值得高校新闻专业教学学习和借鉴。

---

* 王明光,教授,高级编辑·香港浸会大学访问学者,全国优秀新闻工作者,全国新闻学研究会理事。曾任浙江大学城市学院传媒与人文学院院长助理,新闻系主任,新闻事业发展研究所主任;曾任陕西日报策划编辑部主任、编辑部主任、记者部主任。

一、香港浸会大学：以全人教育、优质教育为导向，全力推进国际化办学，为学生提供国际特色优质教育

大学——一个为社会、国家培养和输送合格人才的神圣殿堂，这里需要知识，这里需要人才，这里需要真诚，这里需要奉献，这里需要真理，这里需要尊重，这里更需要关爱和呵护。的确，在香港浸会大学40多天的亲历让笔者感受到了这里的校园氛围。

（一）以全人教育、优质教育为导向

由于地理环境的原因，浸会大学由不同的校园组成，但不管你走进哪个校园，都能感受到这种长期积淀的卓越与创新，这里"全人教育"的文化令人肃然起敬。"全人教育"的概念有多种解释和说法，但其理念是一致的，即希望每一个人身、心、手、脑健全成长，德、智、体、群、美各个方面均衡发展，激发每一个人的潜能，强调"适性发展"。

这种理念已经贯穿在浸会大学教师工作的全过程中：教师不仅要关注自身的提高和发展，更要关爱学生、教书育人，这是学校的使命，也是教师义不容辞的责任；教师的科研水平与自身的发展如职称的晋升等挂钩；学校重视学生对教师的教学评价和要求，并将此作为重要的考核指标；教师必须跟进学生的各项任务及成长进步，学生可以对教师提出要求，学校据此展开调研，合理的要求教师必须满足。

作为一所追求卓越的院校，浸会大学为教师提供了丰富的教学资源和设施，同时也为学生提供了全面的学生支持服务。浸会大学善于利用信息科技，紧跟时代步伐，走在教育的最前线：一流的图书馆、全人教育教

与学中心、欧洲文献中心、普通话培训测试中心、信息科技处、学习共享空间等，一切为学生而办。如全人教育教与学中心要求教职员工一起为持续提高学校教学质量而努力，共同巩固学校"学生为本""全人教育""成果导向"的教学宗旨。该中心应用最新的数字化教学技术，配合创新教学法，优化教学实践及课外活动，使现有的全人教育环境更有利于学生学习。

浸会大学的课程体系更是以优质教育为导向，这里以传理学院为例来具体分析。

传理学院创立于 1968 年，在校本科生 750 多人，专业教师约 58 人（包括本科及研究生课程教师），兼职教师约 78 人（包括本科及研究生课程教师）。2011 年，传理视艺大楼落成启用，楼高 11 层，占地面积约 9000 平方米，设有多元化教学设施。传理学院的人才培养目标可细化为公民、知识、学习、技能、创意、沟通、群体七个方面，具体内容如表 1 所示。

表 1　传理学院人才培养目标具体内容

目标项	具体内容
公民	成为具有国际视野、品行高尚、有责任感的社会公民
知识	掌握学科前沿知识，并对其有深刻认识；知识面广博
学习	善于接受知识，有独立探求知识的精神，能终身学习
技能	拥有数字处理能力和解难能力，在生活及工作中能发挥所长
创意	具备批判性思维与创新思维
沟通	精通"两文三语"，能有条理地表达自己的想法
群体	具备领导能力，有服务团队的精神

学院下设电影学院（由电影电视系改组而来，开设了 5 门专业文凭及高级文凭课程）、传播系及新闻系。

传理学社会科学学士学位课程配合通识教育与核心传理课程的安

排,提供四大主修专业:电影与媒体艺术、新闻学、组织传播、公关及广告。电影主修科目涵盖电影、录像与动画方面的理论与实务;媒体艺术则侧重于数字媒体,包括网上游戏、电视游戏、视觉设计与专业技巧等内容。新闻学有 3 门主修科目,分别是中文新闻、国际新闻与财经新闻。强调以批判视角审视新闻工作者的角色与道德操守意识,培养学生掌握各种实用的新闻技巧,教学内容涵盖数字媒体与社交媒体等日益重要的领域。组织传播旨在培育学生成为传播专家,以及传播领域不同方面的领袖人才。公关及广告旨在让学生学习公关知识,掌握广告的有效传播之道。在课程教学后期,学生将专修公关或广告,继续深造。

传理学院倡导多元化教育,其以启发创意为重点的各具特色的学术课程,旨在激发学生终身学习的兴趣,使学生全面充实自己,在知识型社会中大展拳脚。

其一,新闻专业开设了"生命与人生"课程,鼓励学生正视自己的内在问题及压力。老师会通过小组讨论或分享引导学生正确看待人生,思考如何让人生过得更有意义。

其二,学校对新闻专业学生的培养要求是:合法、合情、合理地报道事实,成为一名专业、正直并恪守新闻职业道德的新闻工作者。学校通过各种渠道邀请业界人士来校做学术报告,和学生探讨新闻传播理念,使学生了解成为一名专业的新闻工作者不仅要对时事有广泛而深入的认识,熟悉报道技巧,还要具备批判性思维。同时,所有学生必须修读 1 门法学方面的课程,教师在课上会讨论何谓合法、合情、合理的报道,引导学生思考新闻工作者的社会责任和道德操守。

其三,技巧训练可以为新闻专业学生打好写作基础。新闻专业开设了多门必修的写作课程,其中一门课程要求学生每周进行采访(采访素材包括发布会、游行、展览等），并于采访当日提交一篇新闻报道。这与真实的新闻工作非常类似，可以帮助学生积累实战经验。访问、拍照、确定文章写作角度等都由学生独立完成，老师会在课堂上指出学生写作中的问题与不足，这样学生便从实战中学习到了采访知识。

其四，新闻教育理论与实践缺一不可。学生要修读实验课，学院有《新报人》杂志、广播新闻网实验室，供学生自由发挥，大三的学生当记者，大四的学生负责编辑工作，老师则提供指导。如《新报人》每期都会召开选题会，学生记者、编辑一同构思和讨论新闻议题与报道角度，决定刊物新一期的内容，这与一般报社运作流程相似。

新闻专业学生大一学年要先接受较多的传理学训练，然后按学院规定程序申请攻读新闻专业（或其他专业）。新闻课程的学习从大二开始，必修科目涵盖印刷、广播及多媒体等基础课程。学生如果对广播新闻有较浓厚的兴趣，可以在大三时主修广播新闻分流课程，即学习广播电视台的新闻报道模式，同时为网上频道"广播新闻网"制作新闻节目。另外，学校会根据各传媒机构当年提供的岗位名额，安排新闻专业所有大三学生到不同新闻机构进行暑期实习（实习期为2～3个月），让学生熟悉新闻工作的要求和运作。

传理学院新闻系兼顾理论和实践教学，培养学生成为真正的社会公民，充分体现了传理学院"唯真为善"的院训。

（二）全力推进国际化办学，为学生提供国际特色优质教育

全人教育的重要一环，是全力推进国际化办学，为学生提供具有国际特色的优质教育，让学生接触不同的语言和文化，与来自世界各地的人交流和互动，开阔视野。

浸会大学积极与世界各地的顶尖学府合办海外交换生项目,组织不同类型的海外实习,实施全球领袖培训计划,等等,这保证了其学生在日新月异的社会及国际环境中稳占优势。为了全面实施国际化办学方针,学校先后推出了多项举措。

1.海外进修及交换生计划

学校分别与全球200多所伙伴学院和大学合力实施海外进修和交换生计划,以丰富学生阅历。学校每年会资助数百名学生到海外进修,并招收来自北美洲、欧洲、大洋洲和亚洲等地区差不多数目的交换生,使浸会大学成为真正的国际化校园。海外进修不仅让学生汲取了不同行业的实战经验,同时也提高了他们的社交技巧,丰富了他们的文化认知,奠定了他们事业发展的基础。

2.校园国际化计划

浸会大学在鼓励学生放眼世界的同时,也致力于在校园内为学生提供开阔国际视野的机会,推出了不少开创先河的活动,使学生紧跟国际社会发展的步伐。比如实施"驻校总领事计划",每年邀请不同国家的驻港总领事亲临校园与学生交流,组织驻校总领事讲座,探讨各国的经济、政治和文化发展。

3.国际作家工作坊

浸会大学每年都会邀请世界各地的知名作家担任驻校作家,与喜爱写作的教职员工、学生、本地作家和香港市民分享写作乐趣和心得。这既在校园内推动了香港文学的创作,又提供一个机会让驻校作家认识香港文化乃至中国文化。

4.普利策新闻奖得主工作坊

普利策新闻奖被誉为美国新闻界的最高荣誉。浸会大学每年会邀请

3～6位普利策新闻奖得主,出席为期2周的演讲、讲座和会议,与学生、媒体和公众分享他们的心路历程和真知灼见。工作坊旨在丰富传理学院的课程,让学生与国际知名的优秀新闻人交流互动,并从中学习。

此外,浸会大学一直致力于推动文化及艺术发展,经常举办各类文艺活动;学校设有多个富有特色的艺术文化场所供市民参观,如艺壁、文农学圃、顾明均展览厅、林护国际会议中心展览厅、视觉艺术展览厅等。浸会大学的师生和校友对文化艺术尤为热爱,在多个艺术领域取得过非凡的成就。

(三)传理学院新闻专业课程体系

1.本科生四年制学位课程

在传理学院,本科生课程以四年制传理学社会科学学士(荣誉)课程为核心。课程包括通识教育课,一般选修课,电影与媒体艺术、新闻学、组织传播、公关及广告四大主修专业的专业课,让学生能够学有所得,能在所从事媒体、创意和传播事业等岗位中发挥所长。四大主修专业前已介绍,此不赘述。

2.学位衔接课程

传理学院与学校附属的国际学院合办自资学士学位课程,共同培养传播及创意媒体人才。该学位供持有副学士学位或相关高级文凭的人士申请入读。学位衔接课程有两门。

(1)新媒体及影视创意写作文学学士(荣誉)学位课程。由电影学院负责,着重培训新媒体和传统影视的创作思维及写作技巧。

(2)综合传播管理学社会科学学士学位课程。由传播系负责,教授公关广告、市场推广、旅游策划、商业及媒体活动策划等传播学综合知识及技巧,理论与实务兼备。

3. 高级文凭课程

(1)电影专业课程。课程内容涵盖 4 个主要专业:编剧及导演、电影制作技巧、后期制作、影视表演。电影专业课程兼具创意性与审美性,同时注重培养学生的人文素养。

(2)中国新闻业课程。中国新闻业课程特别强调学生的语言技能和对汉语书面语的掌握,同时集中培养学生的新闻敏感意识,要求学生能根据国际标准构建新闻故事。该课程还涉及较多的编辑工作原则和计算机技术,以扩大学生的知识面。

4. 课程结构

(1)核心必修课。学生除了必须修读大学英文及大学中文的全部科目外,还必须在"演说技巧""资讯科技""数理思维""历史与文明""价值与人生"等 5 个类别中选修一科,并在体育课中选修 2 个科目。核心必修课的开设目的是培养学生正确的生活态度及价值观,帮助学生在大学乃至日后的生活中全面发展。

(2)分类选修课。分类选修课有 5 个方向,即文学、商学、传理学/视觉艺术、理学/中医学、社会科学。由于每个学生的专业领域已经属于其中一个方向,他们只需从其他 4 个方向中各选修 1 个科目。分类选修课的开设目的是让学生接触本专业以外的知识,拓展他们的知识领域。

(四)媒体实习

所有新闻专业的学生都必须参加实习,实习时间通常在 2 个月以上,从 6 月到当年 8 月底(可微调)。实习单位负责填写学生的成绩报告与实习报告。

学生实习的媒体有亚洲电视有限公司、香港商业广播有限公司、香港电台、电视广播有限公司、新城电台、凤凰卫视有限公司、路透社香港分社等。

二、台湾世新大学：德智兼修、手脑并用，
学校为学生而办，学生为读书而来

2013 年 7 月 8—21 日，受浙江大学城市学院传媒与人文学院委托，笔者带领 27 位同学，赴台湾世新大学参加了为期 2 周的"MY STORY 魔法创意学园"交流学习活动。来自浙江大学城市学院、浙江理工大学、西安建筑科技大学、辽宁大学、郑州大学等高校的 75 名同学参加了该活动。

这次"MY STORY 魔法创意学园"是世新大学面向大陆高校学生举办的创造性学习交流活动，旨在培养学生的创新意识和动手能力。整个活动将课堂启发与实地考察相结合，学生们根据每个小组的创意主题，以自然风景、历史文化、市民生活等为拍摄素材，完成视频作业，最后由老师进行点评与评比。

世新大学校园面积不大，精致和谐。校园内有一代报人、世新大学创办人成舍我的塑像。笔者在这里感触最深的是，学校始终坚持"德智兼修、手脑并用"的校训，秉持"学校为学生而办，学生为读书而来"的办学原则，在课程设置、教师授课、资源提供、环境营造等方面都以学生为本，紧贴学生需求。

例如，为了让大一新生快速适应环境及认识世新大学，学校组织了"新生锻造营"活动。活动在开学前进行，新生自由报名、免费参与。锻造营的辅导员都是学校从高年级学生中选出来的，主要负责活动方案的策

划与执行。这样新生不仅能深入了解学校的办学理念、办学成果以及校内环境、教学设施等,还能与各专业的同学、辅导员互动交流,加深感情。

这次的学生交流活动中,每个老师在授课的时候会要求学生分成若干个小组,每组确立一个主题,共同拍摄素材,最后剪辑成一部微电影。授课老师大多是来自业界的资深媒体人,他们和蔼可亲,全程陪伴学生完成作品,这在潜移默化中培养了学生的团队合作精神、创新精神和动手能力。笔者发现,老师们谈到学生时会充满自豪,而学生谈到老师时会充满钦佩。

从这次交流中笔者领悟到了教育的深层含义:学校除了传授专业知识、为学生解惑释疑外,更重要的是要教会学生做人、做事、辨别是非。做人、做事、辨别是非,靠说教不行,教师应言传身教,去感化、启迪、践行,开启学生的思维空间,提高他们的辨识能力、创新能力。

世新大学的老师大多是有着几十年人生阅历和丰富专业知识的实践者,有的是业界专家,有的是资深报人,有的是知名电视节目主持人,有的是电影导演,有的是电影制片人,有的是著名舞蹈家和化妆师。他们用自己丰富的专业知识、从业经验以及人生阅历现身说法,指导学生确定专业学习目标、培养专业技能,启发学生思考做人做事的道理,等等。

世新大学的新闻专业课程体系中理论与实践兼具,大一年级到大四年级的开设课程如表 2 所示。

表 2　世新大学新闻专业课程体系

	一年级	二年级	三年级	四年级
理论课程	新闻学（必修） 基础新闻摄影（必修）	生态保育报道（选修） 新闻英语（一）（必修） 新闻与政治学（选修） 新闻与心理学（选修） 杂志概论（选修） 媒体典范与媒体经典阅读（选修） 广播新闻（选修） 社区与传播（必修）	文化研究（选修） 政治传播（选修） 国际新闻专题研究（选修） 新闻英语（二）（选修） 全球化传播（选修） 精确新闻报道（选修） 报纸专题采写（选修） 全方位新闻英语（选修） 英文口语训练（选修） 大众传播理论（进阶）（选修） 电视新闻实作（选修）	特稿与评论写作（选修） 新闻专题研究（选修） 运动文化研究（选修） 新闻与金融市场（选修） 平面媒体新闻编译（选修） 电视新闻制作（选修）
实践课程	排版概论（必修）	电视新闻摄影与编辑（必修）	互动式新闻文本写作（选修） 进阶排版实务（必修） 多媒体新闻与实作（必修） 《小世界》实习	媒体实习（一） 媒体实习（二）

　　新闻专业教学内容由五个部分组成：第一部分介绍基本的新闻学概念，诸如新闻价值、新闻客观性、新闻正确性、新闻可信度、新闻自由、报业制度与大众传播等；第二部分讨论新闻记者各方面的工作，包括采访技巧、新闻写作、深度报道、精确新闻学和新闻编辑；第三部分介绍所有新闻工作及新闻工具；第四部分介绍如何实际使用这些工具；第五部分全面探讨解释性新闻学，包括政治与政府、民意和民调、公关与企业、公共服务和调查性报道等。

　　世新大学新闻专业教学旨在培养学生的采访写作能力、新闻编辑能力、新闻场域实践能力、文化批判能力和国际化能力。

　　（1）采访写作能力。训练学生基础性采访写作技巧，让学生了解新闻是什么以及新闻价值判断的不同面向,进而学到新闻采访和写作的基本原则及要领;训练进阶采访写作的技能,循序渐进,让修课学生在已有的基础采访写作训练之外接触各种不同形态的采访,掌握写作要领及原则,了解业界的现况和要求。根据基础练习与进阶练习,分别为学生提供不同媒体的采访写作的实务训练。

(2)新闻编辑能力。训练学生基础性的编辑技巧,引导学生将编辑理论与编辑实践相结合,进入新闻编辑的角色,做到实验、实习、实践相结合;让学生对与报刊版面构成相关的美学素养、职业素养等有清楚的理解,并具备基本的执行能力。依媒体属性分别提供新闻编辑的实务训练,使学生具备从事新闻编辑工作的基本能力。

(3)新闻场域实践能力。通过采访、编辑、摄影等方面的业界专业师资的经验传授与教学,让学生尽早熟悉电子媒体、平面媒体、网络媒体环境;通过媒体实习与实践课程培养学生的实践工作技能,缩减学用落差;通过多样化的课程培养学生的新闻技能,使学生成为全方位的新闻人才,具备社会学、经济学、政治学、心理学等学科的基本常识与认知,并能依其所学发展新闻专业特长,未来能顺利进入职场。

(4)文化批判能力和国际化能力。通过传播学理论与文化素养等课程的讲授,使学生关注社会议题,具备研究与洞察社会议题的能力,形成敏锐的观察力与文化思辨能力;同时,通过英语授课与专业新闻训练课程,培养学生的国际视野和国际化素养。

世新大学教学资源的提供与校园环境的营造严格遵循"德智兼修、手脑并用"这一校训以及"学校为学生而办,学生为读书而来"这一办学原则。如学校设有学习资源中心,便于学生组织讨论会、读书会等活动,也提供"免费学业问题帮助"等服务;学校还设有"校园中心言论广场",作为学生的"英语沉浸园"及"日语沉浸园",学生可在此用英语、日语聊天或进行日常会话。这里还是举办矿讨会等活动,展示社团成果、展示与宣传学校各类信息的场所。此外,学校还会不定期举办一些颇具文化特色的活动,如"下午茶""茶道"等。

学生媒体是体现世新大学"手脑并用"的又一特色。世新大学除了有成报新闻社、校园广播网、新闻人报社等校内社团供学生锻炼实践外,还有非校内社团如独立运营的世新电台、世新电视台,以及供新闻专业实习的报纸《小世界》等,这些平台形成了一个比较完善的学生锻炼实践体系。学校通过这些实践平台来提升学生的基本能力,并鼓励优秀学生拓展其潜能,提升其在专业领域的竞争力。为促进学生与社会接轨,学校要求各单位制定并执行有效的学生培育与辅导措施,培训各类人才,此即"小龙"活动,如"证照龙""辩辩龙""主播龙""讯猛龙""广电龙""动画龙""新闻摄影龙""设计龙""文学龙""企划龙"等。

就业方面,世新大学毕业生联合会定期举办"就业博览会",邀请传媒公司、旅游公司、餐饮公司、唱片公司等入校招聘,帮助毕业生顺利从学校走向职场。

短时间的参观交流,不能概述其全部,但着实让笔者记忆深刻、思绪万千,深感新闻专业院校及教师任重而道远。

三、结　语

香港浸会大学"以全人教育、优质教育为导向,全力推进国际化办学,为学生提供国际特色优质教育"的理念和台湾世新大学"德智兼修、手脑并用,学校为学生而办,学生为读书而来"的办学方针,给人以启示,值得我们新闻专业教学教育学习和借鉴。

传媒产业是朝阳产业,极具成长性,是国际文化竞争的重点领域。我国传媒产业发展迅速,现已成为第四大支柱产业,不仅为我国经济发展注入了活力,也为新闻传播人才提供了发展的大舞台。信息时代,掌握新闻传播专业理论知识的高层次应用型人才已成为社会争夺的优势资源,市场就业前景看好。时代对新闻专业教学提出了新的要求,新闻专业教学也应顺应时代要求,为社会培养高层次应用型人才。

媒介裂变背景下新闻学专业人才培养的思考

黄先义 *

"媒介杂交释放出新的力量和能量,正如原子裂变和聚变要释放巨大的核能一样。"这是麦克卢汉在 20 世纪 60 年代《理解媒介》一书里的预言。[1]在当前的信息化时代、大数据时代,媒介多重融合,新媒体大行其道,重新审视麦克卢汉的预言,方知其对媒介发展的洞悉是多么的深刻和准确。

这是一个媒介裂变的时代,传统媒介和媒介的传统都在不断的裂变中快速衰变,新的媒介形态、传播模式如潮水般涌现并走向重构。媒介裂变对新闻行业、新闻职业和新闻专业正在产生重大影响。

＊ 黄先义,浙江大学城市学院传媒与人文学院讲师,硕士。

一、媒介裂变对传统新闻业的影响

媒介裂变对当下新闻业的冲击和挑战已经成为热门话题。正如美国加州大学伯克利分校新闻学研究生院院长内尔·亨利（Neil Henry）所说："数字时代正使得美国新闻界经历挖去内脏的痛苦，新闻内容和传统的新闻写作标准遭到破坏。"[2]媒介裂变环境因技术而引发，新闻生产首当其冲。社会化媒体、移动终端和大数据是影响新闻生产的关键因素，社会化媒体开启了"以用户为中心"的时代，"移动终端重新定义新闻生产与消费的时空，大数据成为新闻生产的重要资源"[3]。"新闻的采写方式也面临着积极的变革，国外大数据的使用为我们提供了重要的参考样本。普通人参与到新闻生产之后，就为公民新闻的兴起铺平了道路，因此，传统新闻人也面临着在行业转型下的个体转型。"[4]就整个传统新闻业来说，"从 Newspaper 转向 New-Screen 是未来传统报纸生存和改革的边缘途径"[5]。

新的传媒环境对传统新闻学形成了很大的挑战，"包括新兴传媒的性质、社会角色、价值认定、新闻选择、媒体人的角色规定都不一样，新闻学面临着调整和修改"[6]。"甚至'媒体'的概念也已经不适用于新媒体，应该将其从传统的'作为组织、职业的新闻业'扩展到'作为影响力主体的使用媒介的组织及个人'。"[7]具体到新闻人才培养上，"重视个性教育，倡导通才教育，突出职业教育，是当前我国高校新闻教育的价值取向"[8]。

媒介裂变的互动性使得新闻行业的工作观念、工作方式发生了很大变化。媒介裂变的融合特点决定了媒介信息要向数字化、平台化和可视化转变。互动性使得传统媒体对新闻源的垄断局面被彻底打破:公民记者大量涌现,给专业记者带来挑战;公众之间互通有无,往往在第一时间知晓新闻,传统媒体的告知功能失去意义,深度采访和报道更显重要;移动信息终端的日益普及使得公众对新闻的需求发生转变,他们希望新闻信息更加精炼、方便获取和易于阅读;新闻评论主体和观点呈现多样化的趋势。媒介裂变的大数据特征将推动计算机和相关软件在新闻工作中的大量使用。舍恩伯格和库克耶认为,大数据时代需要人们的思维向"大数据思维"转变,大数据时代的新闻、计算机和相关高端软件的介入和使用会越来越多,计算机和相关高端软件主要用来收集和处理结构化数据。[9]

二、新闻业对媒介裂变的应对

面对媒介裂变对传统新闻业的冲击,国内传统报业积极应对挑战,从不同角度创新,形成了各自不同的发展模式。例如,解放日报报业集团2006年推出"4I"战略,实现在无线、宽频、户外等新媒体通用领域的完整布局;烟台日报传媒集团2008年组建全媒体新闻中心,通过建立崭新的全媒体框架,按照媒体的内在传播规律制作和发布新闻作品,再造内容生产流程,实现从"报纸社"到"报道社"的转变;2011年1月,四川日报报业集团全媒体中心成立,通过整合旗下的"四川在线"、《天府早报》、《华西手机报》三大子媒体,全力打造一个全时段、宽受众、立体化信息传播的"媒立方";南方都市报系早在2009年就提出了构建"南都全媒体集群"这一战略,从内容、形态、渠道、影响等方面达到全覆盖,近年来通过跨区域办报、跨媒体合作、跨行业拓展等升级战略,成功实现全媒体转型。2014年

2月,《华西都市报》创新升级,在全国率先提出了打造"大众化高级报纸"的新定位,强调以互联网思维为先导,重新把握网络空间下用户对信息和新闻的需求,打造以 24 小时为出版周期的杂志,以此推动报纸由信息的记录者、声音的传递者转变为资讯的整合者、社会的洞察者、思想的引领者、平台的融合者,让新闻报道从"快速对新闻作出反应"向"探寻新闻事件的深层意义"转变。2014 年 12 月 18 日,《华西都市报》在创刊 20 周年之际,又提出了全新的融合发展"i 战略"。"i"本身有代表互联网的意思,也代表着一种主动作为。其内涵是以开放合作(i-Cooperation)理念,向资讯(i-Media)、社交(i-Link)、电子商务(i-EB)、互联网金融(i-Finance)四个方向突破,推出全新的新媒体精准投放广告系统(i-Delivery),实现指数级增长(induced exponential growth),着力构建"小前端、大平台、富生态"的传媒融合发展新格局。[10]

新闻教育也在积极应对,尤其是美国的一些新闻院校,其做法很值得我们借鉴。哥伦比亚大学新闻学院院长尼古拉·里曼(Nicholas Lemann)在 2009 年 11 月 15 日发表《新闻学院能超越爆炸新闻报道》一文。他说:"像附属医院一样,新闻学院在培养学生的同时,还能为他们的社区提供基本的服务。"他提出了一种新闻教育模式——附属医院模式(teaching hospital model),这是一种新的教育趋势,已成为美国面向 21 世纪新闻教育改革的重要议题之一。附属医院模式的理论基础是"在做中学",具体内容包括:新闻学院应为社区服务;拓展以知识为基础的新闻课程,开展数字与媒介素养教学服务;媒体实验室应引领未来新闻教育改革;为提高我国新闻教育质量和水平,大学需要对校园媒体进行改革创新,新闻院系需要社会媒体参与共建,开展以知识为基础的课程改革,拓展数字素养课程教学范围,聚合全社会资源,设立文理交叉、跨学科、产学研相结合的面向未来创新的媒体实验室。[11]

中山大学传播与设计学院确定的学院的发展目标是"人文新媒体,融创传播学",用人文精神来引领新媒体教育,用融合创新理念来发展跨学科的传播研究。学院旨在培养既具有人文关怀、社会责任意识、批判精神的价值观,又具有非常好的视觉素养及新媒体传播和编辑能力的复合型精英人才。为此,学院建立了新闻摄影实验室、视频编辑实验室、大数据传播实验室、受众行为和心理测试实验室等,将新技术主导的实验教学引入文科教学当中;还与南方都市报社合作开发大学城 APP、与广州青年报社合作创办《大学城》周刊,打造面向 22 万大学城岛民服务的社区媒体,将新闻传播教育与社区发展结合在一起;与企业合作,培养新媒体传播和企业传播的精英人才,将企业传播的思维引入教学中。[12]

三、媒介裂变背景下的新闻教育改革

浙江大学城市学院新闻学专业 1999 年开始招生,2007 年被评为城市学院品牌专业,2009 年被评为杭州市重点专业,是目前杭州市市属高校中唯一的新闻学重点专业。新闻学专业课程建设按照浙江大学城市学院培养应用型、复合型、创新型人才的目标,尽量体现知识的融合性,教学内容突出实用性、针对性和互动性,同时发挥教学实验室和校内实训基地"新闻中心"的作用,为学生提供了更好的学习环境和全真的实训环境,探索出了一套更适合该院新闻专业人才培养、能有效服务地方新闻事业发展的教学计划及课程体系。在课程体系、课程设置上注重培养学生的综合素质,增设模块课程,强化相关专业背景。新闻专业下设两个特色专业方向——经济新闻方向和网络编辑方向,在人才培养上采用"专业加方向"的模式。

在新闻专业人才培养上,新闻学专业重视实践教学,逐渐形成了"校园记者—社会实习记者—社会记者"的人才培养模式。2005年以来,学院就致力于建设"新闻中心",努力打造校内外新闻人才综合实训基地。现在"新闻中心"已形成在教师指导下的完全由学生主持的报纸、电台、电视台、网站、英语新闻社五大媒体。新闻学专业10多门课程延伸至"新闻中心",使第一课堂与第二课堂紧密结合,成为新闻人才培养模式的创新实验区。学院每年组织为期40天的中期实习和4个月的毕业实习,让学生到媒体进行实战训练。经过多年的实践和总结,城市学院新闻学专业逐渐形成自己的特色,教改项目"从校园记者、社会实习记者到社会记者培养链的探索与实践"获城市学院首届教学成果一等奖和浙江大学教学成果二等奖,"依托媒体,注重实践,努力培养学生综合能力——独立学院新闻专业实践教学的探索与研究"获城市学院教学成果一等奖,"新时期应用型、创新型新闻人才培养模式探索与实践"获杭州市首届优秀教改成果三等奖。

媒介裂变环境下新闻业对人才需求的变化直接推动了新闻教育的变革,而新闻教育的变革应该是全方位的。正如美国学者帕夫利克在谈到新媒介对新闻教育的影响时所说的:"新媒介将改变新闻和大众传播的教学和科研,改变新闻教育者的工作方式,改变我们讲授的内容,改变新闻院系和其他高等教育机构的结构,改变新闻教育者及其与公众的关系。"[13]

当前媒体行业裂变发展、推陈出新,纸媒萎缩、网络勃兴。2008年,许多媒体从业者纷纷提出"全媒体战略"或"全媒体定位",传统媒体纷纷推出"两微一端"(微博、微信、客户端),融入媒介竞争。

媒体行业目前最需要的人才是全媒体记者。全媒体记者是指具备突破传统媒体界限的思维与能力,并适应融合媒体岗位的流通与互动,集采、写、摄、录、编、网络技能运用及现代设备操作等多种能力于一身的人才。一名合格的全媒体记者需要具备这样三种能力:良好的认知能力、敏锐的判断能力、精湛的传播技能。

全媒体记者的训练与培养,不仅是业界要严肃面对的问题,也是学界要认真回答的问题。当前,全媒体新闻队伍的打造有两种途径:一是对在职从业人员进行全能型的技能培训,让文字记者学会拿起照相机、摄像机甚至话筒,直接在现场出镜,让摄影、摄像记者学会采、写、录、编,能利用网络、手机等传输、发布信息等;二是对传媒院校学子的"源头"教育,让新闻学子在大学期间就为做全媒体记者进行必要的课程学习和技能训练。

因此,为适应社会发展和行业需求,新闻学专业教育要以培养全媒体记者为目标,以训练良好的认知能力、敏锐的判断能力、精湛的传播技能这三种能力为核心,构建课程体系。

(一)课程设置上要凸显特色、多科融通

一些新闻院系根据院校总体办学特色,依托优势学科设置了一些特色专业方向。如上海财经大学、中南财经政法大学、浙江财经学院等财经院校的财经新闻专业方向,中南财经政法大学、中国政法大学、华东政法大学等政法院校的法制新闻专业方向,上海体育学院、南京体育学院、武汉体育学院等体育院校的体育新闻专业方向,北京外国语大学、上海外国语大学等外语外事类院校的国际新闻专业方向,等等,都属于这种情况。这种专业方向一般以培养复合型人才为目标,课程结构中也有财经、法

学、体育专业相关的专业课程和一些边缘性学科的课程,突出各自新闻教育的特色。2007年,南京大学金陵学院整合资源,开设了国内首个媒介融合专业方向,与媒体或相关企业联合共建了大数据传播实验室等实验资源,并拓展校外实践基地,拉开了我国高校传统新闻教育转型的序幕。

为应对媒介裂变背景下新闻人才培养的现实需求,高校新闻院系课程改革可从以下几个方面入手:

首先,课程结构设置应突出差异性,增强毕业生的竞争力。

其次,从媒介融合的实际出发,实现文、理、工兼容。现阶段新闻教育的目标应当是培养聚合型人才,而不是传统新闻教育中的单一型人才。聚合型人才的特点,一是知识结构的立体性,二是传播技能的全能性。

最后,课程设置类型上可以分为素质聚合类课程、知识聚合类课程、能力聚合类课程。学校还可以紧跟时代发展,开设技术前沿课程,如无人机航拍、VR制作等。

(二)办学资源上要校媒联合、共建共享

哈佛大学校长查里斯·艾略特说过,"大学的真正进步必须依赖于教师"。新闻教育的特点是实践性、应用性和职业性,新闻教育的发展和进步需依靠一批学识广博、业务精干、经验丰富的教师。一方面,加强高校和媒体之间的合作,让教师在媒体挂职锻炼或在职进修,同时,在新闻专业教师岗前培训上,加入媒体培训、业界资格认定的要求;另一方面,请有丰富实践经验而又勤于思考、热心教育的资深媒体人担任专题课教师,让业界人士直接参与到教学中来。

2001年,上海市委宣传部与复旦大学签署协议共建新闻学院,由上海市委常委、宣传部长兼任主任,相关负责人以及业界知名人士担任委

员,负责制定学院发展规划等重大事宜。双方在教师挂职锻炼、记者编辑授课、学生实习就业等方面创新共建模式。2014 年 4 月,光明日报社与中国政法大学合作共建"光明新闻传播学院"正式签约,拉开了中央媒体与高校共建新闻学院的序幕。此后,人民日报社与清华大学、新华社与北京大学等纷纷共建新闻学院。中央媒体与高校共建新闻学院掀起一个高潮,包括北京市委宣传部与中国人民大学、江苏省委宣传部与南京大学、山东省委宣传部与山东大学、浙江省委宣传部与浙江大学等在内的 10 个省市党委宣传部与高校的合作,拓展了地方党委宣传部和高校共建新闻学院的模式。

通过共建新闻学院,地方党委宣传部充分发挥政治、组织优势,在政策导向、师资力量、基础设施等方面支持新闻学院建设;媒体从业人员发挥实践优势,走进新闻教育"前线",将新鲜内容和实践经验悉心传授给学生,在"实战"中获得教学和科研灵感;高等院校借助悠久的历史、深厚的科研积累和学术背景,与新闻媒体强强联合、相互借力,从学科建设、师资引进、人才培训、科研强化、国际传播能力建设等方面,共同打造新闻人才的核心竞争力。

新闻教育要认真探索联合办学的新路径。在当前媒介裂变的环境下,除了坚持行之有效的校媒联合(学校和媒体的实践合作)外,还要尝试校校联盟的办学方式。校校结盟就是由一些国内知名高校牵头,联合国内众多开办相关专业的高校,组建实践平台,共同投资、资源共享、互通有无,在纵向和横向两个维度上进行联盟。纵向联盟是指由知名高校牵头,和地方高校的联合;横向联盟是指地区内高校的联合或高校跨地区的联合。

(三)培养途径上要重视实训、提升素养

新闻专业是实践性很强的应用性学科,加强实践教学环节、建设融合媒体实验室,已经成为所有新闻院系的共识。在课程计划制订上,所有新闻院系都将采、写、编、评、摄、录、播等技能课程纳入实践教学环节。2007年3月,汕头大学新闻传播学院在国内率先建立融合媒体实验室。随后,复旦大学、上海外国语大学等高校新闻院系纷纷建立融合媒体实验室。

新闻学专业实践教学改革重点是培养学生跨媒介传播的技能,即培养全媒体新闻人才。传统的实践教学体系是"课内实验实训—校园新闻实践—社会媒体实习"三级教学实践体系,通过实践教学,着力培养学生提笔会写的思维能力、开口能说的表达能力、搜索能用的检索能力、动手会做的制作能力。

媒体实验室除了满足教学外,还具有多种功能和作用,是创作新作品、开发新软件、利用新技术手段进行信息传播的前沿阵地,是新闻学联系大学其他学科、社区、新闻业界的纽带,也是测试教学效果和教学质量的重要平台。

检验学习效果的一个方法就是呈现通过知识技能的运用而创作的作品。很多新闻院校都推出了"新闻工作室"培养模式。所谓"新闻工作室",实际上就是一家小型新闻制作公司,设立在高等院校内,以老师和学生为主体,以检验实践操作为目的的任务工作制团队,所有采写、编制的新闻或作品均以在专业媒体上刊播或参赛为目标。因此,新闻学院应设置呈现的平台,检验课程学习的有效性;对学习过程加强监控,如学生参加与课程相关的活动取得成绩或发表相关论文等,都应纳入考核,鼓励学生课外学习的积极性;鼓励教师将校外与课程相关的项目引入课堂,增强

课程的实战性,结合学生的实战能力评价其成绩。

用声像语言报道新闻是培养全媒体记者的核心。全媒体记者要充分利用各种互动传播平台,要会写文章、能拍摄、擅互动,熟练利用电脑、手机制作和发布信息。培养全媒体记者,除了提升其采、编、制、播等基本新闻传播技能和专业素养外,还应注重培养其批判性思维能力、解决问题的能力以及管理能力等综合素质。

总而言之,媒介裂变与融合的大趋势对新闻教育与传播现实之间的协调发展提出了挑战。未来的新闻传播需要超前策划、团队合作、技术支持等,只有按照宽口径、厚基础、跨媒介、懂技术、精专业、深内涵的要求来优化课程体系、融合技能培训、提升综合素养,才能培养出高质量的新闻传播人才。

为适应新的媒介环境,新闻教育需要从各个层面进行改革。面对现实,结合实际,城市学院新闻学院的新闻学专业应以新媒体编辑为专业方向,培养具有强烈的人文精神、高超的媒介素养、娴熟的专业技能的聚合型"公共传播者"。围绕培养聚合型"公共传播者"的人才培养目标,课程设置应紧扣知识的聚合、能力的聚合、素质的聚合等主题,进行深入调研和精心设计。

参考文献

[1] 魏薇. 全新的《理解媒介》[J]. 青年记者,2014(1):58.

[2] 吴万伟. 学术界和新闻媒体的衰落(上)[J]. 青年记者,2010(3):89—90.

[3] 彭兰. 社会化媒体、移动终端、大数据:影响新闻生产的新技术因素[J]. 新闻界,2012(16):3—8.

[4] 向熹. 关注传播业变局下报纸从业者的"个体转型"[J]. 新闻界,2003

(20):53—55.

[5] 覃力立.从"Newspaper"到"News-Screen"——论未来报纸的数字化生存及中国报业改革[J].新闻界,2013(12):61—64.

[6] 童兵.新媒体传播对传统新闻学的挑战[J].新闻界,2012(10):4—9.

[7] 芮必峰,陈明惠.新媒介环境下扩展了的"媒体"范畴——兼谈传统新闻学的调整与变革[J].新闻界,2012(14):3—6.

[8] 徐晓红.媒介融合背景下新闻教育的价值取向[J].新闻界,2012(1):78—80.

[9] [英]维克托·迈尔-舍恩伯格,肯尼思·库克耶.大数据时代[M].盛杨燕,周涛,译.杭州:浙江人民出版社,2013.

[10] 李鹏.全面拥抱移动互联网——《华西都市报》启动实施"i战略"[J].传媒,2015(2):11—13.

[11] 贺明华.美国新闻教育附属医院模式及其启示[J].编辑之友,2015(2):102—106.

[12] 刘虹岑."对新闻业的热爱让我充满激情"——专访中山大学传播与设计学院院长张志安[J].新闻与写作,2015(8):63—64.

[13] [美]约翰·V.帕夫利克.新闻业与新媒介[M].张军芳,译.北京:新华出版社,2005.

"万变"寻其"宗"

——融媒体时代中国新闻教育面面观

邵 杨 *

一、媒介生态的激变与传统新闻教育模式的滞后

2014 年 8 月 18 日,中央全面深化改革领导小组第四次会议审议通过了《关于推动传统媒体和新兴媒体融合发展的指导意见》。这是继党的十八届三中全会提出"整合新闻媒体资源,推动传统媒体与新媒体融合发展"之后,又一项由中央直接制定并发布的关于新闻媒体形态沿革和未来发展战略调整的重大决策部署。新的生态、新的方向、新的时代要求、新的机遇挑战,无疑会对从业者提出新的技能要求和新的自我提升目标,面对便携式移动终端、社交媒体、电子商务等一系列新媒体技术的冲击,已经踏上媒体融合之路的中国新闻事业也迫切需要注入更加符合时代要

* 邵杨,浙江大学城市学院传媒与人文学院讲师,博士。

求、视野更加开阔、思路更加创新的鲜活血液。作为新闻战线和新闻领域的后备力量培养基地,高校新闻院系如何培养出属于融媒体时代的复合型人才,已经成为当下的新闻教育工作者最值得思考的问题。

媒介融合概念的提出始于 20 世纪 80 年代的美国。马萨诸塞州理工大学教授浦尔指出,"各种媒介呈现出多功能一体化的发展"[1]将构成媒介未来的主体变化趋势;美国新闻学会媒介研究中心主任安德鲁·纳齐森(Andrew Nachison)则将"融合媒介"定义为"印刷的、音频的、视频的、互动性数字媒体组织之间的战略的、操作的、文化的联盟"[2]。北京师范大学喻国明教授在其《传媒经济学教程》一书中指出:"媒介融合是指报刊、广播电视、互联网所依赖的技术越来越趋同,以信息技术为中介,以卫星、电缆、计算机技术等为传输手段,数字技术改变了获得数据、形象和语言三种基本信息的时间、空间及成本,各种信息在同一个平台上得到了整合,不同形式的媒介彼此之间的互换性与互联性得到了加强,媒介一体化的趋势日趋明显。"[3]

无论是在设备革新、多元化功能体验的技术层面,还是在产业链贯通、优势资源重组的经济层面,抑或在信息实时共享、大数据跨屏互动的媒介文化层面,媒介融合已经成为新闻业发展无法跨越或绕开的背景与前提。在这个前提下,传统意义上的"策划、采集、制作、发布、反馈接收"这一新闻生产流程已经发生了深度的断裂和深刻的改变。在传统的媒介格局下,各个媒体部门独立运作,有各自不同的行业标准与操作准则,对于从业人员的要求具有很强的针对性。然而,在媒介融合的大背景下,媒介从业人员不仅要在各自擅长的子领域内游刃有余,更要适应融合后全领域的多样化复杂环境,把新闻的制作过程当作一个连续体来跟进和完成,使自己能实时穿梭于各种信息采集方式和各个发布终端,成为真正意义上的全媒体记者,即集采、写、摄、录、编、网络技能运用及现代设备操作等多种能力于一身,熟悉报刊、电视、广播、网络、手机等多种媒体传播渠道,可以用文字、图片、视频、音频进行全面报道的全能型记者。

美国学者伯顿·R.克拉克认为,学科有两重含义,即作为知识的学科和根据学科划分所建立的相应组织。"一般认为,可以从三个不同的角度来阐述学科的涵义:从创造知识和科学研究的角度来看,学科是一种学术的分类,指一定科学领域或一门科学的分支,是相对独立的知识体系;从传递知识和教学的角度看,学科就是教学的科目;从大学里承担教学科研的人员来看,学科就是学术的组织,即从事科学与研究的机构。"[4] 由此可见,外部知识体系的变化,必然会驱动内部组织形态的变化,也就是说,"融媒体—新流程—全能型记者"这个联动序列的最后那个立足点,必然会落实在高校新闻类院系的学科改革上,落实在教育内容、教学方式和培养目标的调整与升级中。

我国高校新闻院系的设置在 20 世纪初创时借鉴的是美国模式;新中国成立后又开始照搬苏联模式,细分专业,注重学生政治素质、实践能力的培养。20 世纪 90 年代以后,我国新闻传播院系数量激增,2005 年新闻学专业点已有 209 个。大学实行扩招政策以后,很多高校开始注重科研而轻视教学,迅速扩张的专业点也使师资力量捉襟见肘。这一路走来的摇摆不定,使我国新闻学教育始终缺乏自成体系的经验总结,关于什么是新闻学,新闻学究竟是什么学科,新闻学需要怎样的学科建构和怎样的学科培养模式,等等,并未形成明确、科学的认识。

仅以新闻学科创办历史悠久且在国内外影响较大的复旦大学为例,其在 1982 年为首届新闻学毕业生颁授的是文学学士学位,而 1985 年新闻学硕士研究生取得的是法学硕士学位,1990 年新闻学又被列入中国语言文学专业之下,到 1997 年新闻传播学才被正式列为一级学科,下设新闻学、传播学两个二级学科,可见新闻学学科定位之模糊。此外,新中国成立之后新闻专业对"喉舌"、舆论、宣教、意识形态等的片面强调,使新闻实践往往与宣传工作融为一体,新闻运作的客观规律被忽视,取而代之的是各种政治观点、理念的宣传和输出,并采用文学、艺术学、修辞学的技巧和手法,这种目的先行的实践也让新闻学的研究对象和视域变得十分混乱和模糊,难以科学界定其归属。

近年来,随着新闻教育工作者在学科体系、课程设置、实践管理、产学互动上坚持不懈地探索,国内新闻学于立意、观念、方法论等各个层面有了明显的改善。然而,追赶者终归受制于先行者,计划终归赶不上变化,刚刚开始接触到新闻本质与门道的新闻系师生,再次猝不及防地陷入媒介融合这一前所未有的巨大变局中。现阶段,中国高校的新闻教育工作者不得不再一次正视自身与实践的脱节以及改革路上的踌躇。

首先,新闻专业教材陈旧,无法满足媒介融合发展的需求。一般高校新闻专业所开设的课程,其教材基本沿用中国传媒大学、复旦大学、中国人民大学、北京大学等高校新闻院系的教材,而这些教材的编著时间均较早(有些甚至编写于 20 世纪八九十年代),逻辑框架和表达方式大同小异且定格化严重,"缺乏大数据和云计算推进新闻生产的内容,缺乏网络媒体各种新闻样式的编、采、传、存方法教学"[5]。也就是说,在新闻内容的生产和传播上,新闻专业教材几乎完全没有涉及新技术和新思维的应用及其对社会信息生产的深度影响。

其次,教学方法相对封闭,学生缺乏实践锻炼的机会。当前大多数高校的新闻院系虽然都拥有一批规模不等的实习操作用房、设备和校园媒体,也会在寒暑假给学生安排较长的时间实习,但在实习的组织形式、管理模式、评价机制上,还是沿用传统做法,学生实习也大多是"散兵游勇",各找各的门路,新闻院系缺乏统一且有计划的实习安排与辅助引导。事实上,当下各级广电系统与纸质媒体都在利用微博、微信等新媒体平台拓宽社会化传播渠道,互联网社交类应用日益普及,社交网络已成为互联网新业务的服务入口和用户来源,传统的采写、编辑设备与方法都在被逐级淘汰和更换当中。如果高校新闻专业还像以前那样封闭教学实验,使学生缺乏实践锻炼,那么学生毕业后也不大可能受到媒体部门的青睐。

再次,师资力量也难以跟上时代的发展。如何使学生进一步增强自身"采编制播传储一肩挑"的本领?如何使毕业生成为媒体"双手托"的复合型人才?教师的引导很重要。不少高校的新闻专业师资力量不足,教学任务承担者本身也是从旧有模式和体制中打磨出来的人,缺乏"一专多能"的教学力量,也不具备互联网时代不拘一格、兼收并蓄的思维特征,这导致了新闻专业教师与媒体一线制作人员的疏离,也就难以给融合发展的媒体提供合格的"人才产品"。

二、既有的转型尝试及误区

媒介现实的巨大变化,以及笼罩着整个新闻教育界的严峻现实,已经引发了许多有识之士的思考,并在相当大的范围内催生了改革行为。大部分新闻教育工作者已经达成了"新闻教育必须正视这种变化,进行深入的改革"这一共识。如中国人民大学新闻传播学院蔡雯教授就认为,"我国的新闻院校担负着为新闻媒体培养专业人才的重任,需要从专业设置、课程改革、师资队伍建设等多方面着手",特别是"我国新闻学专业设置的整体框架是以传统媒体的人才需要为基础的,随着新媒体的兴起以及传统媒体的数字化转型,传媒间的介质差异正在被打破,按媒介种类来设置的专业方向和课程体系已经不能适应媒介发展的现实需要"[6]。

基于这样的认识,国内多所著名大学的新闻传播学院纷纷开始进行相关的改革和探索。首先是利用学科优势资源,与新闻学专业的其他方向打通共享。以中国人民大学新闻传播学院为例,其专业核心课程是将传统新闻学专业的基础性核心专业课程(新闻采、写、编、评、摄)和基于数字与网络技术的新媒体专业课程(数字媒体技术应用、多媒体信息传播、网络新闻编辑等)相结合,力图通过这种课程体系的整合,培养具有融合媒体技能的新型新闻人才。这种改革模式主要是增设相应的技术性课程,使学生由过去的对单一媒介相关课程的学习转为对全媒介课程的学习。而中国政法大学新闻传播学院的改革则是在增加课程的基础上对课程进行精细化梳理,将新闻业务课程进行了整合,并且将整合后的7门课程分为"媒介技术"和"新闻信息处理方法"两个系列。其中媒介技术系列主要讲授平面媒体、网络媒体、广播电视媒体的编辑技术;新闻信息处理方法系列包括新闻采访学、新闻文本写作、社会调查方法、新闻编辑学。这样既保证了学生能有多种媒介产品的制作技术训练,又避免了新闻编辑学课程按广播编辑、电视编辑、网络编辑、报纸编辑等不同媒介划分时内容交叉的弊端。相对于单纯的课程增减、拆分、合并的调整,另一种改革思路是在课程调整基础上加强实践环节的教学力度,这方面以中国青年政治学院新闻与传播学院为代表。在多个新闻学课程模块的基础上,该学院通过建立系列传媒工作室,打破课堂教学与实践教学的界限,让学生在仿真的媒体环境中学习新闻业务课程,以加强学生实战能力的培养。[7]另外,一些没有很强的师资和财力建立校内模拟工作室的学校则通过强调校企合作来培养全媒体人才,"通过与传媒企业建立合作关系,在与企业共同创造价值、实现互利共赢的基础上,让学生参与价值创造,在工作中锻炼,在锻炼中学习,在学习中提高"[8]。

由此可见,"媒介融合背景下,新闻教育改革的重点在于加强新媒体课程教学和培养学生实际动手能力两个方面,而尤以前者为重点"[9]。然而,亦有人指出,过去以培养报纸记者为主的新闻院系,仅仅以增加网络、电视甚至手机报这些新媒体课程的方式,来应对业界媒介融合对新闻教育的新要求,这种亦步亦趋、"头痛医头"的简单做法过于天真、盲目且治标不治本。如前所述,融媒体时代职业记者的核心价值已经不再是简单的采集信息并将之传递出去(无论是用录音笔、相机、摄像机还是用手机、电脑),制作一个网页、编一个代码,等等,最多只能算是采集手段、采集技术层面入门的通识性教育,这些通识性教育即使不在新闻专业的教学当中去培养,在今天也该是一项各专业学生的基础技能。实际上,即使单纯从就业的现实角度考虑,新闻专业主义在融媒体时代遭遇的挑战已经决定了传统意义上的能被新闻业界最终消化的新闻学院的毕业生是有限的,新闻教育改革完全以新闻业界的变化来作为指向标,对大多数学生势必不公。学生在大学时代要树立职业理念和培养基本的职业能力,如果想要进一步专业化,基础扎实、能力较强的学生完全可以根据自己的情况进行选择性学习。但在现有的课程上统一增加新媒体课程以及这方面的实践课程,势必会影响部分学生基础课程的学习,而很多基础课程是从事新闻传播工作所必须掌握的。

也就是说,能在复杂的信息环境中合理筛选、甄别有价值的内容,将之进行有效的提炼整合,能在此基础上向受众提供背景资料的收集参照和权威观点的阐释评述,能帮助受众在纷乱的信息战中更加真实、深刻、准确地理解社会动态与时事热点，能形成以用户需求为中心的思维方式，能提供个性化、差异化的定制信息服务，能深入挖掘信息并增加信息传输的趣味性和创造性，能把握不同媒介新闻产品的优势和共通性，能灵活转换新闻产品的呈现形式，才是成长为全媒体新闻人才的真正格局与要义。很显然，这不是简单开设几门网络编辑课、成立几个产学互动基地以及邀请几位业界导师进行知识传授就可以解决的。

三、传媒通识教育：以不变应万变

既然外部业态的变革速度永远高于我们的反应速度，既然我们疲于奔命的追赶终究无奈地落后于时代，那么有没有一种更加恒定、稳健的普适性方略，让我们可以从容应对新闻实践与理论的跨越和断裂？或者说，在纷繁复杂的"万变"之中，有没有一些"不离其宗"的东西，只要抓住它并加以消化，就能不被时代淘汰？

"他山之石"或许能给我们以新的启示，尤其是在那些新闻业变革速度和发展阶段已经领先于我们、新闻观念和新闻技术日新月异的发达国家和地区，其新闻教育是否如我们一样在追赶着业界做手忙脚乱的模仿游戏——三年一小改、五年一大变呢？答案似乎是否定的。

与国内新闻学科过于细节化、业务化的构建相反，西方新闻传播院校普遍重视通识教育，其在一个非职业化、非专业性的维度上重视新闻与社会、文化、思想之间的广泛互动，而这种整体思维渗透于课程设置、培养方案、讲授模式等方方面面。

以英国新闻教育为例，其与时代联系之紧密令人注目。如针对国际恐怖主义盛行拟定了媒体与危机意识课程;针对美国等国家的文化霸权主义设置了文化帝国与全球化课程;甚至针对《欲望都市》《老友记》等情景肥皂剧引领流行文化的现象制订了"肥皂剧"中的女权主义教学计划;针对技术发展对传播领域的巨大影响开设了传播技术与社会发展之间的关系课程,等等。[10]与之对应的是,英国学术界普遍认可把新闻专业设置在一、二级学科之上,打破各学科之间的界限,让不同学科的学生之间相互交流和启发。因此,英国新闻学院在校生往往见多识广,能将所学知识融会贯通,在毕业后则成为能把握全局的人才。

另一个例子来自日本,如果说英国新闻教育的特征是"新闻系学生不只学新闻",那么日本几乎就连"新闻系"这个概念也没有。全日本只有一所大学设有新闻系招收本科生,但其毕业生到新闻媒体就业的比例还不到10%。新闻媒体招收新人的主要方法是到综合性大学中的政治学、经济学、法学、社会学、商学等学科专业中进行考试录用,再辅之以技术训练,这些具备了各个方面(政治、经济、文化、体育、法律等)专业知识的新人,很快就能在新闻业这个学科覆盖面极广的领域内游刃有余。至于"技术训练",就如同每个公司都会进行的"入职教育"一样,成了最细枝末节的终端了。[11]

笔者在大学中教授新闻类写作课程时亦有非常明显的体会:接受过新闻系、广电系等专业学科训练后的学生,在新闻文稿、新闻解说词的写作中,讲求章法、节奏,了解消息、通讯、特写、调查报告、深度报道等不同体例的写作要求,熟悉导语、引语、结语,熟悉"金字塔"与"倒金字塔"、自由结构与"五要素"这些专业词汇,但是却失于圆熟、刻板、程式化和挥之不去的匠气。倒是中文系等近旁传统学科出身的学生,写作中颇具创新意识,情真意切,遣词造句得当,谋篇布局别具匠心,其新闻报道更具有打动人心的力量。这多少也可以解释为什么在大学期间新闻学科应重视通识教育，为的就是在这种已经固化的专业性上，给新闻专业教育添加一份真正的情怀与关怀，提升其格局与高度。

基于通识教育目的的课程选修制是现代化大学最重要的标志。20世纪90年代以来，大陆地区很多高校的新闻学教育开始注重通识教育，增加了选修课的数量和类型。但大陆地区的通识教育整体而言并不深入，有些学校还流于形式。这主要是因为，应试教育的影响在一定程度上蔓延到了大学教育，表现在学生的知识面比较狭窄、学习新知识的能力不足、很多学生对理科内容的课程以及专业以外的课程兴趣不大或者学习起来力不从心。此外，"由于是'选修'课，所以老师和学生都不够重视，一些选修课的老师并没有接受过系统的理论学习，就更谈不上实践的经验，而学生由于'选修'课的学分很容易拿到，也就乐得应付了事"[12]。目前，许多媒体在招聘从业人员时，往往选择经济学、政治学、法学、社会学等专业的学生，这些具备专业知识的学生在做专题性报道和评论时，比新闻专业背景的学生更具优势。这也表明了新闻教育中选修课程开设的形式化。

相比之下，台湾地区高校的新闻学专业以"基础学科内容广泛，课程跨学科性强"而著称。除了开设与新闻学科相关的传播学、新闻学、新闻史等基础学科外，还开设了政治学、经济学、社会学、哲学、艺术学等大量人文社科类基础课程。如台湾政治大学校级课程中的一般通识课程分为人文学、社会科学、自然科学，在基础业务课的基础上还开设了诸多进阶业务课，实践性、时代性较强。以新闻学专业为例，其课程内容涵盖基础业务课和实践性更强的进阶业务课，前者一般在大学一、二年级开设，后者则在三年级以后开设。台湾世新大学的新闻学采访与写作课程内容也具有这样的特点,如精确新闻报道、杂志写作、电子报新闻采写等课程是针对新闻实践中出现的新媒体、新技术而开设,课程内容有很强的技能培养目的;选修课程内容丰富,一般以模块为单位,课程的选择空间较大。台湾地区的高校选修课所占比例很高,为了让学生有更多的选课空间,多数学校都根据实际情况设置了相关领域的课程模块或课程包,每一个模块都开设了多门课程。丰富的选课内容有利于学生拓宽视野、训练多元化思维能力。台湾文化大学课程模块的设置也颇具特色,比如其新闻专业课程共分为3个模块,分别是注重培养学生专业研究方法和专业理论水平的基础专业课程模块,侧重教授学生最新的媒体实践业务的实务(研究)操作专业课程模块,以及旨在扩展学生知识面和研究能力的进阶专业课程模块。学生可以从采访与报道、信息设计与媒体企划、社会与文化3个方向中自行修读15个学分,这充分体现了文化大学选课的自主性。

台湾新闻教育的这种通识性还体现在跨文化的互动视野上。台湾地区在学术领域较早实现了对外开放和交流,新闻学专业的教师很多具有留学背景,因此整体教育环境都融入了较多的国际化元素。台湾地区每所高校都非常重视外文课程,开设了各种涉及国际领域的课程,如文化大学开设了跨文化新闻研究、国际传播、异文化传播、国际新闻采编等课程,世新大学新闻学专业开设了初级英文新闻采写、英文口语训练、国际新闻专题研究、全方位新闻英语、英文报实务、进阶英文新闻采写等课程。从上述这两所学校的课程内容可以看出,文化大学开设的课程注重研究宏观层面的国际新闻传播现象;世新大学则注重英文能力的培养以及运用英文进行报道、写作的具体技能训练。虽然两校国际化课程的方向不同,但都与国际化的新闻传播现象紧密相关,具有很强的实践性和可操作性,能帮助学生融入国际新闻传播的大环境。

从上述例子中不难看出,相比于盲目参照业界新现象、新门类而增加新课程(或者干脆就是为旧有课程变换一种新名目)的"追赶式"改革,一种夯实根基、触类旁通,以思维训练、素质提升、职业人格磨砺和文化情怀孕育为主旨的教育模式,可能更能帮助新闻人在一日千里的媒介互融时代站稳脚跟。注意到传媒通识教育与传媒专业教育之间的"内联"与"外拓",优化传媒人才的知识结构,增加其知识储备,有助于培养符合社会期望、具有较高的媒介素养及职业精神的传媒人才,从而消除社会上广泛存在的"新闻无学"、新闻类院系近似于"职业培训中心"、新闻系学生是"上手快、底子薄的熟练技术人才"等误解。更进一步地说,观察与审视社会的开阔视野,清晰的表达与沟通能力,将不同学科知识融会贯通的能力,独立思考、判断的能力,创新能力,良好的道德修养,关心人类及所处环境的社会责任感,等等,才是日新月异的媒介融合时代里真正"万变不离其宗"的内核。当传媒人一厢情愿地自我提升却仍然无法适应"万变"时,那么其正确的选择,就是把握好这个"内核"。

参考文献

[1] 弓慧敏.媒介融合视野中电视媒体的未来发展[J].中国广播电视学刊,2010(5):44—45.

[2] 王漱蔚.媒介融合:传媒业发展的必然趋势[J].当代传播,2009(2):55—57.

[3] 喻国民.传媒经济学教程[M].北京:中国人民大学出版社,2009:22.

[4] 曾冬梅,唐纪良.协同与共生:大学"学科—专业"一体化建设研究与探索[M].北京:北京理工大学出版社,2008:38.

[5] 花叶.广电新闻教育应注重培养媒体融合型人才[J].新闻世界,2014(11):205—206.

[6] 蔡雯.媒介融合前景下的新闻传播变革与新闻教育改革——试论"融合新闻"及其挑战[J].今传媒(学术版),2009(1):21—24.

[7] 黄楚新.媒介融合背景下的新闻报道[M].杭州:浙江大学出版社,2010:121,133.

[8] 周鸥鹏.媒介融合背景下校企合作全媒体人才培养模式[J].新闻爱好者,2014(2):64—67.

[9] 宋雯.媒介融合背景下的新闻教育改革反思[J].新闻知识,2014(10):93—94.

[10][11] 冷凇.中西方电视文化比较研究[M].北京:中国戏剧出版社,2006:131.

[12] 林敏.新闻课程体系改革的困境[J].新闻界,2004(6):22.

数据新闻实践及其教育

李赛可*

　　媒体在普遍走向"数字化"的基础上,最新趋势是进一步"数据化",出现了"数据新闻"这一新类别。数据新闻实践整合了从统计学到新闻学、从计算机编程到设计学等多个专业,对培养数据新闻从业者的新闻教育提出了更高的要求。鉴于美国数据新闻实践及其教育变革都处于领先地位,本文将总览美国新闻传播院系的变革前沿,梳理其变革思路及成果等,以求为国内数据新闻教育提供借鉴。

一、数据新闻实践的兴起及其意义

(一)数据新闻实践的兴起

　　近年来,全球传统媒体发展趋势即如学者祝建华所指出的,从报纸到

---

　　* 李赛可,浙江大学传媒与国际文化学院博士研究生,关注媒介批评与话语、传播与社会、新媒体研究。

电视都正在受到巨大挑战并开始进行根本性的转型。传统媒体在普遍走向"数字化"的基础上,最新趋势是进一步"数据化",出现"数据新闻"这一新型职位。[1]投身数据化并基于大数据开发新闻潜能的群体规模越来越大,其探索者包括专业新闻工作者、创业者、教育工作者以及非政府组织等。

在国外,数据新闻实践为一些国际知名媒体与机构所探索与倡导,如《卫报》《纽约时报》《华盛顿邮报》、CNN、BBC、Zeit 在线及独立新闻机构 ProPublica 等。以《卫报》为例,其于 2009 年开创的"数据博客",被视作数据新闻发展的一个里程碑。2010 年 7 月的"维基解密事件"中,"战争日志"(The War Logs,维基揭秘文件中关于美军和阿富汗冲突的日志,时间为 2004 年 1 月到 2009 年 12 月)和"调查议会花费"(Investigate Your MP's Expenses,一个众筹项目,关注英国议会成员的花费)被视作数据新闻的典范。[2]一些小的新闻编辑部也采用了数据新闻。

在我国,2014 年 1 月,央视综合频道《晚间新闻》栏目引入百度提供的春运人口迁徙地图大数据,推出《据说春运》专题报道,被视作数据新闻在中国大陆发展的里程碑。目前许多网络媒体、传统媒体等也在探索这种实践形式。网络媒体如搜狐、新浪、网易等门户网站分别开设了《数字之道》《图解新闻》《数读》等栏目[3];传统媒体如《南方都市报》佛山新闻部推出"数读版",《钱江晚报》每周推出"图示绘"专版,《京华时报》推出"京华图解"专版,《新京报》推出"新图纸"专版,《华商报》推出"数之道"专版,等等。

可以说,数据新闻已经在全世界的新闻编辑室中引起广泛关注。

关于数据新闻的出现以及发展的原因,学者彭兰将其置于大数据时代的宏观背景下进行分析,认为大数据冲击了传媒业。其一,数据成为新闻的核心资源之一。除了政府、机构、企业等公开发布的数据外，媒体、网站所拥有的用户数据、用户生产的内容也成为重要的数据资源。另外，物联网技术的发展也使得物体的状态数据成为一种可用于新闻报道的重要来源。其二，大数据时代技术在新闻生产中的地位提高。当数据成为新闻生产的资源时，与数据相关的统计、分析与挖掘技术，也就成为了新闻生产实践的支持工具。[4]

斯坦福大学教授 Geoff McGhee 亦将数据的爆炸式增长视作数据新闻发展的重要推力。他曾长期担任《纽约时报》等媒体的记者，是一位具有多媒体和信息图表制作专长的记者，且于 2009—2010 年开始研究数据新闻。他认为现在的新闻越来越多地与数据有关，媒体的责任是如何向公众解释复杂难懂的数据。数据的爆炸式增长使人们需用借用工具来对其进行分析，而数据可视化专家正在开发工具帮助我们更好地理解和使用数据，记者的工作是运用数据使新闻报道更加有说服力。[5]

另外，有研究者较为系统地总结了数据新闻出现的原因，认为主要与技术、商业与政府这三种力量相关。其一，技术发展与持续的数据化；其二，市场力量也起到重要的推动作用，因为媒体竞争激烈，而数据新闻可以找到一种商业模式，即通过优质的具有吸引力的可视化或者为其他公司提供数据分析服务；其三，政府公开数据并将之渗透到新闻媒体是数据新闻扩散的决定因素。数据新闻与政府公开数据紧密相关，而政府的数据公开又被视作开放社会与政府透明度提高的标志。[6]

（二）数据新闻的意义

以上是对催生数据新闻因素的探讨，数据新闻可谓应时而生。且从已有研究文献还可以观察到，数据新闻被赋予了消解社会精英的话语权以及更全面地发掘、呈现真相与实现民主等意义。

借助于大数据兴起而越来越受到关注的数据新闻实践被赋予了超越现有新闻局限的新闻理想，如有学者提出数据新闻消解了社会精英的话语权。其从新闻来源角度比较了传统新闻与数据新闻后认为，传统新闻实践在实践发展过程中，形成与采用信源固定线路后导致"对新近发生的事实的报道"变成"权威新闻来源所告诉记者的"，媒体因而成为传声筒，社会精英控制了新闻话语权。而大数据时代的数据新闻因其依托庞大的数据，甚至有时是样本全体的数据作为支撑，去除了固定采访线路作为主要新闻来源的功能，且无疑更为精确、客观，使得社会精英们在数据面前不再辩解、发声，从而消解了社会精英的话语权。这些实践特质使得新闻更具客观、全面、公正的专业精神。[7]

另有研究者基于新闻工作者的经验性论述与对应新闻报道文本，通过语料库和文本分析，观察到新技术和文化条件下新闻编辑部里新闻采集、呈现及其理念的变革。研究指出，数据新闻依然强调以叙事为中心，但是发展出了在信息爆炸时代以更好处理、传送与接收信息的模型与工具，如数据挖掘、数据分析、可视化、交互应用等，从而将传统的新闻敏感与有说服力、感染力的叙事能力与海量数据结合，创造了新的可能。其为数据驱动、以可视化的方式讲述故事，复杂的故事也能变得清晰；其增强互动性，讲述多维故事，帮助读者探索新闻相关信息，且鼓励其参与到创作和评价新闻故事的过程中。参与、互动、开源成为数据新闻故事的新特征，即其不是传统所讲述的集中化的故事，而是去中心化的故事。[8]

也就是说，数据新闻的叙事建立在新的技术和理念基础上，讲述的是一个由数据驱动、可视化的新闻故事，一个与读者紧密相关，而且读者可以参与讲述的故事，一个更能把握真实、抵达真相的故事。学者坎贝尔曾将新闻报道比作一个三角板凳,保持凳子稳定的三条腿分别为强有力的报道、执拗的信息收集以及对时事对话的悉心扶植,并认为这对国家至关重要。[9]该研究认为数据新闻其架构与生产的故事可以并且正在打造这个更稳定的三角板凳。[10]

基于以上对数据新闻实践出现的推力和意义的分析,即如有学者所认为的,数据新闻是当下全球新闻业应对大数据时代发展变革中产生的新兴领域,是未来新闻业的发展趋势。[11]视频生产、数据新闻与可视化等应当成为新闻传播行业新的核心竞争力。[12]而对新兴的实践而言,即如彭兰所提出的,相应生产所需要的思维方式与能力支持也是新闻人不得不面对的,是新闻教育改革要应对的一个新形势。[13]此即下文将探索的问题。

二、关于数据新闻教育如何开展的系统思考

就传媒业的变革而言,新闻教育是基础。从现实需求看,不管是媒体内部组建团队,还是外借相关人才,蓬勃发展的数据新闻实践需要配套相关培训与教育。转观教育领域,在传媒技术迅速发展的形势下,新闻教育中原初的课程设置、培养模式与当下的媒体实践和社会需求之间出现了裂隙和脱节。目前形势即如研究者指出的,从运作程序看,数据新闻整合了从统计到新闻、从编程到设计等多个专业,对培养数据新闻从业者的新闻教育提出了更高的要求。[14]这给传统新闻学的教育理念、模式和内容带来挑战。

数据新闻教育如何开展? 如果说现实需求催生教育的改变,这是对

为何要开展数据新闻教育(why)的解答,那么这些现实需求如何满足,可以从另外几个层面来考虑,即谁(who)来向谁(whom)提供什么教育(what),以及如何提供(how)。也就是需要考虑教育主体、教育对象、教育内容和教育方式。

(一)数据新闻教育的主体、对象与方式

一般来说,学校是数据新闻教育的主要提供者,但是,从已有数据新闻教育与培训提供来看,除了学校外,还有新闻机构、企业、专业组织、协会、非政府组织、市民等,并且这些组织类型在某些地方还起到主要作用。如有研究者基于文献梳理与深度访谈等,对欧洲 6 个国家(包括英国、意大利、德国、荷兰、波兰、瑞士)的数据新闻教育进行比较研究后指出,这 6 个国家所提供的数据新闻教育来自 4 种组织类型,即学院、职业、专业与市民。[15]也就是说,这 6 个国家的数据新闻教育整体上形成了多教育主体形态。

该研究指出,这些组织所扮演的角色与国家媒介系统特质有关。在学院教育上,荷兰、德国、英国的高校数据新闻教育更为繁盛。意大利和波兰继之,但是波兰的新闻工作者与学生尤其能够从广泛的非学术课程中获益。在英国,教育者一般具有学院背景,在主流学校提供相关课程。而与之相反,在意大利,数据新闻教育部分是由政府机构提供,部分是由在国外学习数据新闻的新闻从业者引入。[16]

在上述对欧洲代表性国家的分析中,学者还观察到数据新闻教育主体角色的一些共同点,其中之一是,非学院机构[如欧洲新闻中心(European Journalism Center)、调查新闻中心(Center for Investigative Journalism)]与主要的国际新闻媒体(如《卫报》和《纽约时报》)在所分析国家中都起到了引领作用。[17]主要的国际新闻媒体的数据新闻作品常常成为新闻工作者学习和讲述的典范作品。另外,这些非学院机构组织了多种教育实践形式。如欧洲新闻中心作为一家非营利组织,自2010年开始运作网站数据新闻学校(School of Data Journalism)(网址是 DataDriven-Journalism. net),还与开放知识基金会(Open Knowledge Foundation)共同开发了全球第一本数据新闻制作指南《数据新闻学手册》(*The Data Journalism Handbook*),并且为全球用户提供免费下载和使用,旨在推动数据新闻学的发展。[18]这本制作指南目前已经在数据新闻业界和学界被当作范例来引用和论述。[19]自2011年开始,欧洲新闻中心、Google 等机构举办了各种有关数据新闻的全球性学术会议与竞赛活动。[20]

形式与对象①上,除了惯常面向符合条件的特定学生和新闻工作者提供课程、工作坊等,数据新闻相关的教育和培训资源很多是以开放、共享的形式提供的,其面向的教育对象是所有对此感兴趣的公众。如2014年年初,欧洲新闻中心推出免费数据新闻课程,题为"数据新闻学:关键步骤、技能、工具"(Doing journalism with data:First steps,skills and tools)的网络公开课,由来自高校的新闻学教授和来自业界如《纽约时报》《卫报》、Zeit 在线等媒体的专家共同执教,由来自欧洲、拉丁美洲、北美洲、非洲等地的记者提供其如何处理数据的经验。这种提供方式即为慕客(MOOC)——一种大型开放式网络课程(massive open online courses)。对于普通公众或者处于边远地区的媒体从业者而言,可以利用这种方式迅速获得新的知识和实践,并能通过慕客的讨论平台,将新闻实践与全球各地的参与者分享。这样的循环过程使得数据新闻成为一种理念和实践

---

① 关于数据新闻的教育对象,本文后面还会从伦理的角度展开分析,认为其教育对象不仅仅是准备或者正在从事这个职业的人,而应包括社会公众。

在全球扩散。[21]

在我国，目前数据新闻教育也是由高等教育机构、新闻组织、民间力量等共同提供相关教育资源。学界和业界都较为关注这一新兴领域，并达成合作。目前北京大学、中国传媒大学、武汉大学、中国人民大学、复旦大学、河北大学等都已经开设了数据新闻课程，并且积极与业界建立联系与合作。

一些高校的新闻院系与国际一流媒体联合设置了相关研究项目与课程，如清华大学全球财经新闻硕士项目与彭博新闻社合作开设财经新闻数据挖掘与分析课程，另外，香港大学新闻及传媒研究中心与路透社合作开设数据新闻学课程。[22]

2015 年 6 月 27 日至 28 日，首届"中国数据新闻大赛暨数据新闻教育发展高峰研讨会"在西北师范大学召开。来自国内外 100 多位学界、业界人士围绕数据新闻现状与国际前沿动态、现代科学技术下的数据新闻制作研究、数据新闻教学体系研究等主题展开研讨交流。[23]

（二）教育内容：技能与伦理

数据新闻课程的教育内容主要有两个领域，即实务和伦理。两者最终都服务于具体的新闻生产，且只有两者都化于数据新闻教育中，才能够让数据新闻实践充分发挥其积极作用。

1.数据新闻实践技能教育

数字化时代对于新闻工作者提出了新的技能要求，并且随着数字化的推进，新闻工作者的工作内容变得越来越丰富。传统新闻专业教育一直以来以文科类课程为主，主要培养采、写、编、评等新闻基础素养和能力，今天的新闻专业教育则在此基础上面临更多的专业技能培养要求。

有研究者基于新闻生产流程来分析数据新闻工作者的业务能力。[24]2010 年 8 月,首届国际数据新闻圆桌会议在阿姆斯特丹举行,数据新闻记者 Lorenz 在会议演讲中提出:"'数据新闻'是一种工作流程,包括下述基本步骤:通过反复抓取、筛选和重组来深度挖掘数据,聚焦专门信息以过滤数据,可视化地呈现数据并合成新闻故事。"[25]梳理关于数据新闻流程的文献探讨,大体上与这几个基本环节相对应,大的层面是思考新闻工作者的相应技能要求和对应课程体系的设计,小的层面则是具体的课程内容设计。

首先来看对数据新闻工作者提出的技能要求和对应课程体系的设计。哥伦比亚大学数据新闻中心(Tow Center)在其发布的报告《后工业时代的新闻》(*Post-Industrial Journalism*)中提出了后工业时代记者应该具备的 9 项技能,其中 6 项硬技能是:(1)具备专业知识,成为专家型记者;(2)熟悉数据和统计知识;(3)了解用户分析工具,更好地理解受众;(4)熟悉基本编程知识;(5)会讲故事;(6)懂项目管理。[26]

第 1 条和第 5 条,都与传统的新闻教育理念相似,即记者除了会新闻的采、写、编、评,会讲吸引人的故事等技能外,还需要掌握一些非新闻技能的专业知识,熟悉所报道的领域。但是报告中又增加了几条,而这几条都与数据新闻实践的培养相关,即懂数据、会统计分析,能够操作各种用户分析工具;同时,第 6 条"项目管理"之所以需要,是因为现在的数据新闻项目往往由来自各专业背景的团队完成,除了记者外,还有美工、网络技术员、数据挖掘者等。有学者认为,就这样的项目而言,项目主管是记者,因为只有记者才知道故事的核心以及如何与观众沟通。要记者懂程序、网络术语等,很大程度上不是要记者直接去做,而是要能与技术人员和创意人员沟通。[27]即如有学者对此所做的精练阐述:在专业知识上,数据新闻要求新闻从业者拓展在社会交往(social interactions)、网络化交往(networked interactions)方面的技能以及与数据获取、分析和处理相关的技能组合。[28]

基于数据新闻的生产流程与技能要求,不少西方学院已经开始将新闻学与计算机科学、信息科学等结合,进行跨学科的课程设置,体现出文理融合的思路。自 2008 年开始,美国西北大学梅迪尔学院已经开始有"程序员记者"毕业,乔治亚理工大学也开设了一门名为"计算新闻学"的课程。[29]

以上提到的技能最终需要落实到教育的微观层面,即具体的课程内容设计上。已有研究观察到欧洲数据新闻教育课程的共同点是,课程结构非常相似,都聚焦于如何收集数据、分析数据以及最后呈现数据。[30]从欧洲新闻中心 2014 年初推出的数据新闻课程"数据新闻学:关键步骤、技能、工具"中可以观察到,其教授内容对应数据新闻的生产流程。

该课程由 5 个在线教学模块组成,通过讲义、视频、论坛等教学资源,重点传授记者如何获取大数据、如何从中有效挖掘出"故事"和"洞见"及制作可视化新闻的技巧。这 5 个模块涵盖了"数据新闻学"在新闻生产实践中的各个关键环节,清楚地勾勒出数据新闻生产与传播的脉络。

"模块一"利用丰富的实例,阐释"数据新闻学"的内涵,对数据新闻生产流程进行了生动而具体的展示。"模块二"重点教授学生如何挖掘支撑新闻故事所需的各项数据,培养学生对常用数据信息源的"敏感度"和使用简易、省时的搜索引擎的技能。"模块三"利用电子制表软件和基础数据,帮助学生对收集到的数据进行细致的梳理和分析,从而更好地以此支撑新闻文稿的撰写。"模块四"指导学生在基本数据挖掘的基础上进行更深层次的数据信息分析,对信息进行精密细致的"过滤",最终从鱼龙混杂的海量数据中筛选出最有价值的数据。最后一个模块会对"可视化新闻"进行详细的讲解,教会学生如何把抽象的数据转化成生动的故事、图表、视频和其他视觉互动形式(如动漫、数字高程模型、卫星导航图等),以期启发受众形成对新闻事件的深入认知和"洞见"。[31]

2. 数据新闻伦理教育

已有研究指出:总体来说,数据新闻教育看起来是一个非常崭新的领域,因而常常忽略基本的新闻议题,如伦理、透明度、责任与同情心,尽管它们在新闻领域是至关重要的。[32]而本文以上分析的技能教育所教授的是如何操作,但是,对数据新闻工作者而言,还需要对自己的生产实践进行理解、洞察和批判,也就是教育内容里需要纳入职业伦理和反思教育。除了延续传统新闻行业已有的新闻伦理要求之外,因数据新闻新的技术与实践特质,其伦理教育需要加入一些新的思考。

媒介产品追求真实性,而目前对数据新闻的一般期待是它能够更加确保这种真实性,但是这种"全面创造真实的能力"本身需要予以反思。因为已有媒介生产研究观察指出,所有的传播媒介都试图发展出一种样式或者说结构来展示讯息,与此同时也会形成其样式考量来组织和构建讯息,与样式不匹配的信息会被剔除出去。[33]数据新闻起初是作为一种被赋予诸多期待的工具用以更好地接近和呈现世界上正在发生的事情的真相,但是在特定工具的强化和惯习使用中,借助于数据采集、处理、可视化等常规手法来加工新闻事件,其本身成为"一个读解日常生活片断的认识框架"[34],并因此在信息处理和呈现上凸显一部分要素,同时遮蔽另一部分要素,形成自身偏见。

以对数据的挖掘为例,数据基于自身象征严谨的符号特性,暗示了叙事的真实性,但是,数据有可能被粗浅地解读。首先,当数据成为重要的信息源,虽然依托大规模数据的处理使得新闻更为全面、可信,但也要谨防形成依赖惯性而再生制度化的结构,如已有的数据新闻案例其数据一般来自官方资源。[35] 其次,以一种大视野看待现在能够被收集的数据,其所能代表的社会群体、社会行为有多少呢? 就当前社会的数字化程度而言,依然有许多群体和社会行为在数字化空间之外,量化数据没有这些群体和行为后是否足够全面呢? 研究者在对数据新闻实践者的访谈中注意到,绝大多数受访者都声明他们的课程并非处理大数据,因为这对于单个新闻工作者而言过于庞大和复杂,不仅仅是处理上很难,数据收集也很难。[36]

还有研究者认为,应该理解并质疑算法,分析算法中的微小决定如优先级排序、分类、关联和过滤等,因为这些都包含了人的影响,是人创造出来的客体,是包含了人的意向以及能动性的产物。算法操作本身不等于"黑箱",但是商业交易秘密、人为操纵等可能给算法报道带来很大的不透明性。如何解决这样的问题? 该文作者提出了一个颇具挑衅意味的概念,即"基于算法的负责任报道"(algorithmic accountability reporting),这个概念旨在阐明和表达计算产品(computational artifacts)对社会所行使权力的偏见和影响。[37]

又如《纽约时报》研发团队的数据设计师 Jer Thorp 提出,关于大数据的很多讨论遗漏了一项,即人性面。人们大多把数据视为分离的、自由流动的,而忽略它们其实是对真实事物(通常是很有人性的)的测量。数据和真实的人、真实的生活紧密相联,数据专家必须思考生产数据的真实世界。到目前为止,位置数据的使用者都是第三方——程序开发员、知名品牌和广告公司,第二方(电信商和设备管理者)拥有这些数据,而第一方即普通公众既无法得到数据也无法支配这些信息。

事实上,已有一些数据新闻工作者在探索和实践该理念。如《纽约时报》的研发团队推出了一个叫 Openpaths. cc 的原型设计,允许公众探索自己的位置数据,并亲身体会数据拥有者的概念。其秉承的理念是:人们应该对和他们自身生活和经历密切相关的数据有一定的控制权。[38]《卫报》的数据新闻工作者亦将制作新闻所使用的数据完全公开,在"数据博客"页面上,所有数据新闻所使用的原始数据均可以免费下载,供公众分析。[39]

对现代人而言,媒体已经成为一种环境、一种文化,人们互相通过复杂的媒体互动建立社会关系,再将这些关系整合为日常生活的样貌。如果无法穿透媒体这道"魔镜",就非常有可能成为无法判读资讯内容真伪且无反击能力的"阅听人商品"(audience commodity)而不自知。[40]对于大众传播曾经带来的这种效果,在大众传播媒体发展多年后,媒体素养教育被提上日程,普遍以批判的态度指出媒体实践中的错误,试图将大众媒体的权力下放于众,了解大众媒介内容与真实生活之间的落差等,也就是让人们达成批判认识后能够近用媒体。[41]然而这不仅仅是"阅听人"所当有的武器,更是媒体人自身所当有的认知。即最终透过传播工具的操作教学、媒体素养教育,推动公民参与,达成媒体近用。[42]

转观发展中的数据新闻,它依然是一个概括性术语,"囊括了一套仍在不断增多的用于新闻叙事的工具、技巧与方法"。"数据新闻正处在革新过去的操作手法以适应互联网的初始阶段"[43],而数据新闻教育作为实践者的培育与引导方式,需要在教学内容中纳入反思性实践这一维度,从而有助于人们反思固定样式所带来的认知局限与偏见,在欣赏和发挥其力量的同时承认并尽量避免其局限。

三、美国新闻学院的数据新闻教育实践

基于美国新闻传播教育者在数据新闻实践及其教育变革探索上都要先于国内,了解相关新闻传播院系的变革前沿、思路、成果等可以为国内数据新闻教育提供借鉴。

美国新闻学者 Wilson Lowrey 根据媒介融合课程改革的力度来区分美国新闻传播院校,即坚守者、改良者和变革者。其中,坚守者认为目前的业界媒介融合现象仅仅是表面的,而新闻的基本原则和做法并无实质性的改变,因此坚持原有课程不变,继续根据单一媒介类型培训学生,将跨媒介训练放在次要位置;变革者则全面拥抱媒介融合,对现有课程从整体上做了革命性改造;改良者则居于以上两个极端之间,既坚持原来按照媒介类型而分设的系别和课程,也增加了媒介融合的相关课程或专业。以上三种类型院校中,坚守者最少,变革者最多,改良者的数量正在增加。另外,这三种类型既同时存在于不同院系中,又可以作为线性发展存在于一个院系融合课程的不同发展时期。[44]

具体就数据新闻相关教育而言,在美国,哥伦比亚大学、密苏里大学、西北大学等设置了数据新闻专业方向,迈阿密大学在 2015 年新设立了融合多个专业背景的数据新闻方向,许多新闻传播院校已经明确开设了数据新闻课程。

这里首先根据已有学者的实证分析,对美国大学数据新闻教育进行系统的路径探照,再以美国两所全球闻名的新闻学院作为案例,详细探究其教育模式、课程设计等。

（一）美国数据新闻教育的路径

学者祝建华统计了美国《高等教育纪事报》(*The Chronicle of High Education*)上的全美大学招聘广告，在 2012 年 9 月至 12 月的 3 个月内，新闻传播学一共有 326 个职位。通过分析其中近 80 个数字媒体(digital media)教职的招聘广告，祝建华提炼出了美国大学开设数字新闻专业或课程的四种路径，按照两个维度来划分和表述：其一，是以传统的新闻制作(production)还是以新型的数据分析(analytical)为主；其二，是以个案故事(case-driven)还是以数据展示为表现手段(data-driven)，具体来说可以分为个案导向的制作型、个案导向的分析型、数据导向的制作型和数据导向的分析型 4 种路径。[45]

第一类路径是讲故事的制作型(case-driven production)，传媒业以 CNN 为代表。对应的，在教学中强调数字叙述(digital narrative)、3D 动画(3D animation)、互动游戏(interactive games)。代表大学有密歇根州立大学传播学院，该校十年前就开始招这方面的教师，现在还在继续招聘。

第二类路径也是讲个案，但讲述的新闻故事的主角是数据，以英国《经济学人》杂志为代表，其擅长用讲故事的办法谈重大的经济问题。美国的赫芬顿邮报(*Huffington Post*)亦属此类。代表大学有加州大学圣地亚哥分校、乔治敦大学等。

第三类路径也是制作导向，但相较于第一类，它把数据作为制作的素材(data-driven production)。业界以美国《纽约时报》、英国《卫报》等为代表，学界代表中如美国犹他州立大学等。

第四类路径强调数据分析(data-driven analytical)。这本来是枯燥和专业性的工作,现在比较成功的是 Google News,还有一些社会化媒体,如一度人气很高、后有所下滑的 Digg 新闻网;也有来自高校的实践,如华盛顿州立大学,其招聘的教职岗位定位为社会科学计算(computational social sciences)。

(二)密苏里大学新闻学院的数据新闻教育

已有研究者考察了密苏里大学新闻学院的数据新闻教学,以求对我国新闻教育之课程建设、实践模式起到借鉴作用。[46]

首先来看密苏里大学新闻学院数据新闻的课程建设。根据其研究,密苏里大学新闻学院围绕数据新闻开设了互补、递进的 5 门课程,并且在校办报纸《密苏里人报》实践平台上积极推广。

这 5 门课程具体为:数据报道基础、计算机辅助报道、地图和信息图表制作、信息图表、信息图表的应用。这些课程每学期都为本科生和研究生开设,这意味着无论是本科生还是研究生,每学年都有 2 次选修机会。

其中,计算机辅助报道是自 1989 年该学院聘请了负责计算机报道研究所工作的记者后,为拓展研究成果而开设。其教学内容随着传媒业发展而改变。目前,该课程包括对公共记录存储数据的分析,帮助学生掌握如何识别、获取、评估、清理、分析数据,并将具有新闻价值的数据用于报道。教学内容涉及电子表格、数据库管理、文本编辑器、数据清理等软件的学习。课程的教学方式包括课堂教学、上机练习、报纸实习等。

地图和信息图表制作于 2009 年秋季进入学院教学体系。该课程主要讲授地图的设计原理,掌握如何识别、评估数据,发现可以用于新闻故事的素材。其要求学生能够使用地图软件、电子数据表和数据库,能利用地理信息系统(GIS)来绘制数据地图。

信息图表和信息图表的应用两门课程的教学目标是通过学习信息图表的概念、功能、制图技能和基本的设计原理，在理解信息传播视觉化价值的基础上，掌握如何在不同类型的媒体上编辑和呈现信息。制图技能方面的教学由媒体业界人士来承担。另外，课程还要求选修的学生每周在《密苏里人报》工作 6 小时，主要是从记者稿件或者数据库中提炼信息，制作可以在报纸及其网站上刊发的图表。

而数据报道基础于 2012 年秋季学期开始开设，2014 年春季学期正式成为 1 学分课程。这门课程强调公共数据的重要性，以及如何使用 Excel 对数据进行分类、过滤，并从中寻找新闻故事。设立这门课程的目的主要是为没有时间选修计算机辅助报道的新闻专业学生提供学习机会，以帮助他们掌握数据新闻基本技能。

可以看到，这 5 门课程的开设与互联网发展及其对传媒业的影响、新闻业务的变革有密切关系。

除了与传媒业新闻业务变革紧密相关而革新新闻教育课程，密苏里大学新闻学院还贯彻了首任院长沃尔特·威廉姆斯的新闻教育理念，即实践是学习新闻的最好方式。只有实际操作才能让学生真正了解书本上的知识及其在现实中的作用。密苏里大学新闻学院在教学大纲中明确要求新闻专业学生到实践平台工作，并且这些实践与成绩、学分挂钩。

新闻学院建院的同一年创办了《大学密苏里人报》(《密苏里人报》的前身)作为实习基地。该报不仅报道校园新闻，更是一个实行商业化运作的社会公共媒体。如今，在该报编辑平台，有一块领地专门用于数据新闻报道。从周一到周日都有选修计算机辅助报道、数据报道基础或者信息图表课程的学生在此坐班。记者(学生)在决定用数据作报道之后，要和编辑(教师)沟通，编辑会指导记者去哪些政府数据库或者专业网站搜索所需要的数据。获得数据后,记者要对数据进行处理。在写作稿件的同时,记者还要提交制作图表的申请,助教会把任务分配给制图编辑,并提出制图建议和要求。制图过程中,制图编辑和记者之间会有几次沟通和协商,完成的图表首先要经过助教把关,助教通过后,再由制图编辑交给编辑平台审核刊发。

密苏里大学新闻学院实行开放式的新闻教育,实现业界、学界对学生的共同培养。"请进来"的一线新闻工作者,不仅有获过大奖的名记者、名编辑,还有在传媒业从事具有创新性工作的新锐,以及相关行业的精英。在计算机辅助报道的课堂教学中,任课教师从警察局、市政厅请来负责数据库、信息发布的工作人员,讲解如何从他们的数据库里获取所需要的信息。信息图表的教学部分由媒体的图表编辑采用视频在线讲解和网络互动等方式授课。而专职教师在理论讲授结束后会将工作重点放在组织教学和指导实习上。[47]

(三)哥伦比亚大学新闻学院的数据新闻教育

哥伦比亚大学新闻学院因其悠久的办学历史和传统,曾一度属于课程改革的坚守者。长时间内没有采取系统的数字化策略。但是在积累多年的外部压力和合法性危机的挑战下,哥伦比亚大学新闻学院也在改革中。新闻学院教务长 Bill Grueskin 在 2011 年参与撰写了《最新报道:数字新闻业的现状》,推出了当时尚未出现的新闻课程。从 2013 年秋季开始,新闻学院彻底取消其理学硕士(Master of Science,MS)项目一直采用的基于媒介类型(报纸、杂志、广播、新媒体)的课程与教学组织方式,以体现新闻业界多媒体融合的趋势。到 2014 年,哥伦比亚大学新闻学院网站相关介绍中已经明显突出数字技能,如提到课程中有数据处理和呈现、计算机科学、创新技术等。数据新闻与国际新闻、广播新闻、调查新闻、杂志新闻等成为学生可选择方向之一。[48]

在哥伦比亚大学新闻学院 3 个主要项目中，理学硕士(MS)最早开设于 1935 年，是新闻学院重要且基础性的项目。运作方式上类似于记者训练营，以实战为主。

另外，学院提供硕士双学位项目，其中就包括新闻学与计算机科学双学位硕士项目，这个项目的课程要求学生同时在新闻学院与工程学院两个学院上课[49]，毕业后获得双学位。

同时，学院还设立了各种新媒体研究中心。

其一是数据新闻中心(Tow Center for Digital Journalism)。该中心于 2010 年创建。在 2012 年收到 20 亿美元资助以支持该中心数据新闻学(digital journalism)的研究工作。该中心主管 Emily Bell 提出，"大部分媒体仍不了解数据科学的发展前沿，以及信息传播对信息使用者的影响。我们旨在倡导那些对新闻学充满热情并具有相关知识的人才对数据新闻学开展研究。这不仅有利于解读大数据这一新领域，还能为新闻学在这个复杂多变的领域里的发展提供指导。这项研究的目的是对新闻业和新闻学产生广泛的、直接的影响。"[50]

该中心关注技术发展对新闻业以及受众的影响，尤其关注数字时代受众如何看待新闻的可依赖度、可信度等。围绕这些议题，中心组织各方面力量如新闻记者、新闻组织和媒介政策制定者等进行讨论，并设计相应的教学方法与课程。

2013 年 9 月开始，该中心与哥伦比亚大学其他学院合作组织了"计算与新闻训练营"，招收大学本科毕业生，培养基本的编程、数据库等数字应用能力，以便为新闻学院的新闻学与计算机科学双学位硕士项目发现和培养合适的生源。

其二是布朗媒介创新研究院（Brown Institute for Media Innovation）。该研究院成立于2012年，由斯坦福工程学院和哥伦比亚大学新闻学院合办，两所学校主要提供教师和资金，孵化有利于未来新闻业发展的各种技术创新。

在变革的同时，哥伦比亚大学新闻学院也有所不变。如早在20世纪60年代，新闻报道与写作就作为理学硕士项目的永久核心课程。在课程体系的设置中，新闻学院坚持培养新闻专业核心能力，包括新闻敏感性和准确判断能力，信息的获取、甄别和分析能力，等等。

另外，注重新闻实务教学的哥伦比亚大学新闻学院一如既往地强调新闻实务及与业界的紧密联系。如常将名记者、名编辑引入课堂，满足不同新闻记者不同职业阶段的培训需求；通过专刊《哥伦比亚新闻评论》发起讨论，引导新闻业的健康发展；关注、响应和满足学生在项目、专业、师资、媒介平台、表达形式等方面的需求。[51]

四、结　语

应该说，无论是数据新闻实践，还是其培训、教育及研究，我国都还处于起步阶段。本文探讨了数据新闻实践在全球范围内的兴起及其意义，并就数据新闻教育如何开展提供了一个系统的观照，且在已有研究基础上梳理了国外数据新闻教育实践的路径与课程设计等。对我国的数据新闻教育而言，迫切需要解决的任务是：结合学校自身特点和资源，确定培育定位和目标，对数据新闻项目进行学理探索，总结数据新闻的实践、操作模式,在此基础上完成数据新闻的课程设计及开展相关培训。

在方法上,本文主要基于现象观察和对已有研究文献的梳理,未能收集更多实证材料。为了更好地将国外数据新闻教育经验与本土实践结合起来,未来可以通过访谈、问卷调查等手段了解国内高校和其他组织的数据新闻教育与培训情况。

参考文献

[1][27][45] 祝建华.大数据时代的新闻与传播学教育:专业设置、学生技能、师资来源[J].新闻大学,2013(4):129-132.

[2][6][15][16][17][30][32][36] Splendore S,Di Salvo P,Eberwein T,et al. Educational strategies in data journalism:A comparative study of six European countries[J]. Journalism,2015,17(1):138-152.

[3] 文卫华,李冰.大数据时代的数据新闻报道——以英国《卫报》为例[J].现代传播(中国传媒大学学报),2013(5):139-142.

[4][13] 彭兰.社会化媒体、移动终端、大数据:影响新闻生产的新技术因素[J].新闻界,2012(16):3-8.

[5] McGee G. Journalism in the age of data[EB/OL]. (2012-07-18)[2016-09-30]. http://datajournalism. stanford. edu/.

[7] 曾庆香,侯雪琪. 数据新闻:社会精英话语权的消解[J]. 探索与争鸣,2015(3):83-86.

[8][10][19][35] 李岩,李赛可.数据新闻:"讲一个好故事"? ——数据新闻对传统新闻的继承与变革[J]. 浙江大学学报(人文社会科学版),2015(6):106-128.

[9] [美]谢丽尔·吉布斯,汤姆·瓦霍沃. 新闻采写教程——如何挖掘完整的故事[M]. 姚清江,刘肇熙,译.北京:新华出版社,2004:9-10.

[11][25] 方洁,颜冬. 全球视野下的"数据新闻":理念与实践[J]. 国际新闻界,2013(6):16—17.

[12] 周葆华. 呼唤传播学想象力[J]. 新闻记者,2015(10):14—15.

[14][46][47] 许向东. 对密苏里新闻学院数据新闻教学的考察[J]. 新闻爱好者,2014(11):65—67.

[18][20][38] 李希光,张小娅. 大数据时代的新闻学[J]. 新闻传播,2013(1):7—11.

[21] 钱进,周俊. 从出现到扩散:社会实践视角下的数据新闻[J]. 新闻记者,2015(2):60—66.

[22][31] 史安斌,廖鲽尔."数据新闻学"的发展路径与前景[J]. 新闻与写作,2014(2):17—20.

[23] 陈积银,刘颖琪. 数据新闻的实践与前瞻——首届中国数据新闻大赛暨数据新闻教育发展高峰研讨会会议综述[J]. 新闻记者,2015(8):91—93.

[24] 沈浩,谈和,文蕾."数据新闻"发展与"数据新闻"教育[J]. 现代传播(中国传媒大学学报),2014(11):141—142.

[26] Anderson C W,Bell E,Shirky C. Post—industrial Journalism:Adapting to the Present[R]. Columbia:Columbia Journalism School,2012.

[28] Lewis S C,Westlund O. Big data and journalism:Epistemology,expertise,economics,and ethics[J]. Digital Journalism,2015,3(3):447-466.

[29] 张迪. 媒体变革背景下的海外新闻传播教育现状与发展趋势[J]. 国际新闻界,2014(4):166—167.

[33] 甘斯. 什么在决定新闻[M]. 石琳,李红涛,译. 北京:北京大学出版社,2009:202—203.

[34] 盖伊·塔奇曼. 做新闻[M]. 麻争旗,等,译. 北京:华夏出版社,2008:73

[37] Diakopoulos N. Algorithmic accountability:Journalistic investigation of

computational power structures[J]. Digital Journalism,2015,3(3):398—415.

[39] 章戈浩.作为开放新闻的数据新闻——英国《卫报》的数据新闻实践 [J].新闻记者,2013,(6):7—13.

[40] Livan B. Working at watching:A reply to Sut Jhally[J]. Canadian Journal of Political and Social Theory,1982,6(1-2):211-215.

[41] 刘慧雯.从媒体素养到新素养:试论教学策略与认识论的转变[J].中华传播学刊,2015(6):67—98.

[42] Neilsen K,Kvale S. Current issues of apprenticeship[J]. Nordisk Peda- gogik,1997,(17):130-139.

[43] Anon. Why is data journalism important? [EB/OL].(2015-12-16)[2016- 09-30]. http://datajournalismhandbook. org/1. 0/en/introduction_2. html.

[44] Lowrey W,Daniels G L,Becker L B. Predictors of convergence curricu- la in journalism and mass communication programs[J]. Journalism & Mass Com- munication Educator,2005,60(1):31-46.

[48][49][51] 邓建国.传统与变革:数字时代老牌新闻学院的变与不 变——以哥大新闻学院的课程改革为例[J].新闻大学,2014(6):109—115.

[51] Bell E. How a new research effort will help newsrooms determine what's Next[EB/OL].（2012-04-30）[2016-09-30]. http://www. knightfoundation. org/ blogs/knightblog/2012/4/30/emily-bell-how-new-researcheffort-will-help-newsro- oms-determine-whats-next/.转引自:郭晓科.数据新闻学的发展现状与功能[J]. 编辑之友,2013(8):87—89.

论传媒专业实践教学与人才培养

——浙江大学城市学院传媒专业教育实践谈

王明光

随着传媒业市场化进程的不断推进,其管理经营、传播方式、受众需求等方面都发生了一系列变化,传媒业需要大批既有广博的专业知识,又有深厚的人文素养的高素质优秀传媒人才,为了适应时代的要求,跟上时代的发展,传媒专业教育必须迎接时代的挑战,适应社会的要求。

今天的传媒专业学生、未来的新闻媒体工作者,担任着传播信息、引导舆论、促进发展、推广知识、服务公众、服务社会和舆论监督等职责。弘扬人文精神是新闻报道必须遵循的准则,因此对传媒专业学生的人文素质的培养是传媒教学的核心内容。传媒人的职业精神以及人文素质是在实践中不断养成的,实践教学在培养高素质传媒应用型人才的教学环节中具有重要地位。

传媒教学模式要和社会需要、市场需求相一致,努力实现传媒专业理论教育与实践教育的对接,让学生的社会实践能力和人文素质培养行动化,这是培养学生社会实践能力与人文素质的重要保证。传媒专业既是一门实践性非常强的学科,又是一门发展非常迅速的学科,高素质传媒应用型人才的培养必须跟上时代的进步,以社会需求为导向。强化学生实践,培养传媒专业学生人文素质,必须采取相应的对策深化教学改革,改变传统的教学模式,主动适应高素质传媒人才培养的需要,使培养学生实践能力与人文素质的目标定位,教学内容及方式、方法与社会需要、市场需求相一致,实现传媒专业学生人文素质培养和社会需求相适应。

一、人文素质与职业精神培养是贯穿
传媒专业实践教学的主线

高素质的传媒人才既要有广博的专业知识,又要深厚的人文素养,是知识、能力、素质的完美统一。培养具有人文素质和职业精神的传媒人才是传媒教育的主要目标。

长期的新闻实践告诉我们,传媒人的职业精神包括坚守良知,维护正义,强烈的社会责任感,敏锐的观察力,客观公正的求实精神,勇于开拓的创新精神和尊重人、关心人、有理性、有激情的人文精神。

社会实践与人文素质、职业精神的培养是密不可分的,是互为补充、相互促进的。高素质的传媒人才应是知识、能力、素质的统一,三者缺一不可。只注重课堂人文知识传授,忽视人文素质在实践过程中的养成,已远远适应不了社会需求。注重传媒专业人才的社会实践,培养传媒专业人才人文素质意义深远,这是时代对我们提出的要求。

近年来,我们一直把求实、创新、人文精神培养作为贯穿传媒专业实践教学的主线。为适应这一要求，我们在积极探索发挥课堂人文素质教育主渠道、主阵地作用的同时，发挥社会实践的作用，让学生的人文素质在实践过程中提高，在实践过程中养成，这已成为高校传媒专业研究的重要课题。只有把学生从被动式学习中解放出来，将课堂教育和实践养成两者有机地结合起来，变教师灌输说教为实践应用，才能使传媒专业学生实现自我教育、自我完善、自我养成，从而达到人文素质培养的目的。

二、打造多层次的校内实习平台，让实践走进课堂，走进学生日常学习生活

传媒专业实践性非常强，缩短教学理论与实践的距离，实现理论与实践的有机结合，是传媒专业人文素质教育中学生从被动接受转为主动接受的前提和基础。我们根据当代学生沟通能力、动手能力、创新能力强以及思想开放等特点，努力创造条件，让实践走进课堂，走近学生，实现理论与实践的对接，变教师单纯灌输说教为广泛实践应用，变学生被动接受为主动接受。

建立传媒专业校内实践基地，让课堂理论与课堂实践紧密结合起来。我们计划总投资700万元，模拟社会媒体建设传媒专业综合实验中心，让课堂和实践成为一个有机整体。现在，我们已经建设到位的资金有400万元，建成了5个平台，即刁子编辑与应用平台、广播电视平台、中文及文秘平台、广告及会展平台、新闻中心平台，每一个实验平台相互独立，资源共享。

比如新闻中心和会展中心两个校内实践平台，我们积极组织并引导学生参与学院媒体的建设和日常工作。学院的院报、电视台、广播电台、

英文网站等校级媒体,参照社会媒体运行模式,教师后台指导,学生前台"唱戏",各媒体部门的负责人和具体的编辑、记者、播音员等这些在一些高校中主要由教师做的事情,在城市学院则完全由学生来承担,并让学生任主编、副主编以及台长、副台长。除了学院的院级各媒体外,传媒分院还创办了《新锐》《晨呼团刊》等,每年也有一大批学生在这里实习锻炼。新闻系和广播电视系还建立了自己专业的学生社团,如零一广播电视工作社、爱斯通讯社、摄影协会等,这些社团每年都吸引了大量的传媒专业的同学投身其中。

校内实践基地使案例式、情景式、现场采访式、作品对照式等教学方法得到广泛的运用,既是第一课堂与第二课堂的有机结合,又使学生能力和人文素质在实践中得到了锻炼。学生真正体会到了媒体人员应具有的人文素质要求,其理论素养、政治素养有所提高,其科学精神、审美能力、责任意识、敬业精神、诚实守信等素质在实践中得到了全方位的培养。实践证明,实践基地对于培养新闻学子的实践能力有至关重要的作用,因而深受学生欢迎,也受到了社会的广泛好评。

三、拓展省内外媒体实习基地,让学生走出课堂, 与社会接轨、与媒体接轨

深化与社会媒体的合作,建立规范的社会实践基地,实现传媒专业学校教育与社会教育的对接,让学生的人文素质培养在社会实践中具体化,是提高学生社会实践能力的重要路径。传媒是时代精神和历史的忠实记录者,因此社会对传媒专业学生的要求是,既要有广博的人文知识,又要有扎实的专业知识基础。一定程度上可以说,广博的人文知识和较高的

人文素养是传媒工作者事业持续发展的内在保证。我国多年的传媒专业教育也表明,学校只有让学生走出课堂、走出学校,与社会接轨、与媒体接轨,在工作中真实感受媒体工作流程,才能推动学生全面发展。

鉴于此,我们先后与杭州日报报业集团、杭州文广集团及覆盖浙江省各地市级的报纸、电台、电视台等30多家单位合作成立省内实习基地,并与这些基地签订了正式的协议,每年安排一定数量的学生去实习。我们还拓展了《新疆日报》《深圳特区报》等省外媒体实习基地。

学生的实习分为中期实习和毕业实习两个阶段。中期实习由学院集体组织,统一安排住宿,统一管理,每个市安排一个实习小组,每组由一名教师带队。带队教师在学生中期实习期间全程跟踪,全过程管理,随时了解学生实习的详细情况,遇到问题及时帮助协调与解决。同时,每个学生实习小组都设有组长、副组长,人数多的小组还要建立临时团支部或党支部,以方便学生自我管理。学生实习期间至少完成5篇新闻作品,提交一篇2000字左右的实习论文。实习结束后,学院会举行中期实习报告会,让学生走上讲台,谈经验、谈体会、讲收获。实践证明,这种与媒体合作的学生实习方式,丰富了学生的实习内容,避免了形式化,有利于学生综合素质的提高。比如2008年的中期实习中,我们组织赴新疆日报社实习的学生成立专门小组,小组到新疆后,由于水土不服,出现皮肤过敏,但他们没有说,更没有叫苦叫累,而是发扬吃苦精神,珍惜每一次采访机会,深入基层,体民情、查民事。他们不仅发表了大量来自一线的稿件,而且也深深体会到新闻记者政治意识、纪律意识、民族文化意识的重要性。实习小组受到了新疆日报社领导和编辑、记者的高度赞扬。

毕业实习是对学生综合素质的检验和提升,也是中期实习的延续和发展,学生根据自己的特长和就业方向联系实习单位。毕业实习安排在大三上学期,实习时间为4个月,要求学生最少完成20篇新闻作品、2篇调查报告、1篇实习总结,并提交实习期间工作照。城市学院传媒专业的学生在经过了毕业实习中的各种锻炼后,就业竞争力有了提高。如2007级的一位毕业生,毕业实习是在新华社,后考入广州日报社担任摄影记者;2009届的一位毕业生,在校内担任过院报主编,中期实习是在新华社浙江分社,毕业实习是在浙江日报社,实习期间发表了60多篇新闻稿件,其中多篇稿件获得报社月评好稿件一、二、三等奖,受到报社领导及同事的赞扬,还被评为2009年度优秀实习生,这位毕业生后来考入中新社浙江分社。

学生实习期间,学院每年会组织系主任定期走访一些新闻单位,如浙江日报报业集团、杭州日报报业集团、杭州广播电视集团、省广播电视集团以及地市报纸、广电等单位,了解媒体的新动态、新理论、新观点,进一步提升传媒专业教育的针对性,同时加强与媒体的沟通,帮助学生解决实际问题,为学生从学校进入社会奠定较为坚实的基础。

这种紧密合作的签约式实习基地建设的确让我们受益匪浅,不仅让学生接受了锻炼,在学生就业工作上我们也有了较大的进展,如不少在实习中表现优秀的学生最后留在了实习单位。2006年《今日早报》招聘的记者中,有2/3是我们传媒专业的毕业生。目前,我们城市学院传媒专业的毕业生已遍布全省各地媒体,其中有很多学生已经成为这些媒体的年轻骨干,正逐渐成长为媒体的中坚力量。

不仅如此,我们还依靠实习基地,为教师科研、学生就业等服务。目前,我们与实习基地签约单位如浙江日报报业集团、杭州日报报业集团、杭州文广集团、绍兴电视台、台州广播电视总台等都开展了教师科研项目合作,杭州新闻史料馆建设、杭州新闻史纲编著、杭州广播电视集团企业文化研究等一批教师科研课题都是我们和媒体合作的成果，这些成果又进一步深化了教育教学。

四、优化师资队伍，举办专业讲座，
在实践中培养职业素养

教师是培养学生人文素质的主体，具有较高专业素养的教师更能提高学生的人文素质。自学院 1999 年成立起，我们就严格按照人才需要和社会需求定位，把组建"高素质应用型传媒教师"队伍作为大事来抓。一是引进思想素质好，理论功底深厚，在新闻、人文社会科上有很深造诣，且有业界实践经验的年轻博士或副教授。这些教师接受新知识快，对国内外新闻理论及业界的动态了解较多，保证了学生新知识的获取和人文知识的学习。二是聘请业界资深记者、编辑、媒体总编、台长等作为兼职教师来校授课，学院根据学生不同阶段的需求，组织他们来校讲课，把业界最新的信息、知识等带到课堂。比如，从 2005 年起，我们就组建了"《杭州日报》教授团"和"杭州广播电视集团教授团"，由这两大传媒集团分别推荐多名资深的具有高级职称的记者、编辑、编辑部主任、总编、台长等，不定期地到城市学院传媒分院做讲座，并帮助指导学生的毕业论文。这些业界人士不仅传授给我们的学生以知识和实践经验，还为学生进入媒体学习专业知识架起了桥梁。三是加大对能力强、业务精、思想好、人品正的"双师型"高级人才的引进力度，进一步充实传媒专业教师队伍。2003年以来，我们先后从媒体一线引进了 7 位高层次的"双师型"教师，这些教师理论基础扎实，经验丰富，实践能力强。他们现身说法，一改教师灌输说教之风,将实践与理论对接,使课堂教学内容更贴近实际。

我们经常请来自媒体一线的记者或编辑谈自己的职业经历。如邀请光明日报社浙江记者站的高级记者谈如何用手中的笔记录社会,如何牢记并实践记者的社会责任;邀请新华社浙江分社的高级编辑谈援藏经历,告诉学生做一名记者或编辑要不畏艰苦,要在磨炼中学习并不断成长。

我们还把一些优秀的毕业生请回学校的课堂,让他们将亲身经历讲给在校生。比如,传媒专业一位毕业生在浙江电视台新闻中心工作,2006年"桑美"台风肆虐时,她一直在温州抗台的第一线采访,并向中央电视台发送播出了多篇现场新闻,这些新闻广受好评。我们于是把该同学请回学校,让她给学弟学妹讲授在大灾面前一名新闻工作者的责任和义务,使学生深受感染。

"双师型"教师的课堂教学、一线记者与编辑的专业讲座以及优秀毕业生的现身说法,不仅提升了人文素质教育的质量,使学生真正体会到了新闻从业者政治素养、科学素养、道德素养的重要性,还让学生体会到了学用结合、学以致用、积极实践的重要性。这种言传身教,实现了理论与实践的有机结合,学生从中得到了启示和教育,变被动式学习为主动式学习。

(原载于全国新闻学研究会 2009 年刊《新闻教学与学术研究》论文集,经济日报出版社 2010 年版)

中国高校新闻专业实践教育研究

——以南京大学为例

江素珍*

中国开设新闻学专业的本科院校共有 480 余所,每年培养出来的新闻专业毕业生更是不计其数。如何保证新闻专业毕业生的就业成为一项具有现实意义的重大课题。这实际上涉及的根源问题是:开设新闻学专业的目的是什么? 新闻学专业的学生需要掌握哪些专业知识? 媒体市场需要什么类型的新闻人才? 高校对新闻学专业学生的培养模式是否与市场需求相匹配? 这些问题不仅关涉高校新闻学的发展,更关涉新闻专业毕业生的就业及中国新闻业的未来。在新闻学科的教育体系中,新闻实践教育与市场的关联性最强,同时也是培养新闻实践人才最为重要的途径。但是,在实际的教学与培养过程中,高校新闻实践教育与市场需求存在脱节,新闻学专业毕业生所学知识在很大程度上无法指导他们的新闻生产与新闻实践。

---

* 江素珍,浙江大学传媒与国际文化学院博士研究生。

那么,中国高校新闻专业实践教育的现状到底如何? 在充分理解高校新闻专业实践教育现状的基础上,如何寻求新闻教育创新与改革的可能性? 在新闻实践教育普遍缺乏创新的背景下,部分高校采取了哪些创新举措? 这些创新举措对中国的高校新闻专业实践教育又具有哪些启示意义呢? 这是本研究主要关注的几个问题。

一、中国高校新闻专业实践教育现状

中国高校的新闻教育虽然很繁荣,但是在具体的教育和培养过程中存在的问题同样也很明显。一是在扩招背景下高校新闻专业毕业生的数量远远超过市场的需求量,导致一部分新闻专业毕业生就业困难或无法进入媒体行业工作。二是高校新闻实践教育与媒体的市场行情脱节,新闻教育培养的人才目标与新闻媒体的用人标准存在较大落差,导致学生所学习到的新闻专业知识无法指导他们的新闻实践。"对高校来说,保持理论的诉求和实践的需求这两级平衡是新闻教育取得成效的保证。在高校新闻教育中,实践课时应占 40% 至 50% 才能满足媒体的需求"[1],而实际情况是,大多新闻院校都无法保证这一课时比例的实践课程的有效进行。三是新闻专业应届毕业生由于缺乏实践经验和独立采访的能力,很难被媒体所聘用。媒体更愿意聘用具有其他专业背景的毕业生,因为他们更有可能进行专业性更强的新闻采访与写作。例如,经济学专业的毕业生可以采写财经新闻,外语专业的毕业生可以做驻外记者等。这些专业的毕业生远比科班出身的新闻学专业毕业生更具竞争力。有研究者对浙江省主要新闻媒体的一线采编人员进行了问卷调查,发现业界人士普遍认为中国新闻传播教育存在以下问题：专业技能的培养还不明确，这导致学生不能很快适应现代化的新闻实践工作；硬件建设不足，使得学生在熟悉掌握现代传播技术方面也存在一些问题；理论与实践存在一些脱节的现象[2]。由此可见，新闻业界对新闻人才的需求并非只是简单地要求学习过新闻学专业知识，而是要求他们有较强的实践能力。因此高校在培养新闻人才时，必须将学生实践能力的提升放到重要位置。

二、创新高校新闻专业实践教育的必要性

一直以来，高等教育都鼓励学生参与实践，"实践出真知""实践是检验真理的唯一标准"等观念被广泛推崇。具体到高校的新闻实践教育中，则包含两个层面，一是教师的教学实践，二是学生的学习实践。"教"与"学"本身就是教育活动的一体两面，二者密切相关，相辅相成。教师教学实践的目的是传授学生实践的方式、方法，提供可供学生实践的环境，引导学生正确应对实践过程中可能出现的困境与难题。学生的学习实践则是在教师的教学实践的指导下，通过实践提炼理论要素以更好地指导下一阶段的实践。

至于高校新闻专业实践教育，其要点就是要将新闻理论与新闻实践有效地结合起来。但是现在大部分高校过分注重新闻理论的教学，往往忽视了新闻实践的课程安排。即使安排了相关的课程，也总是脱离当下的新闻生产实践要求，发挥不了太大的指导作用。那么，创新高校新闻专业实践教育的必要性表现在哪些方面呢？

首先，从社会发展的总体趋势来看，市场对应用型人才的需求量会越

来越大。新闻专业在某种程度上属于应用型专业,但是在以往的新闻教育中,高校对学生应用能力和实践能力的培养很缺乏,导致学生进入媒体之后,无法应对新闻生产与新闻业务的变化。由此可见,高校在新闻专业的教学过程中就应注重对学生实践能力的培养,以适应社会对应用型人才的需求。

其次,从技术革新和科技发展的层面来看,新媒体技术的应用与逐渐普及对传统的新闻生产提出了新的要求,带来了新闻业务内容的重大调整和新闻生产模式的重大改变,高校要想适应新闻生产的变革,输出适应市场需求的创新型新闻人才,就必须对新闻教育方式和内容做出相应的调整,增加新闻实践教育的比重,创新新闻实践教育的方式,对高校新闻学专业设置、课程设置以及教师教学设置等内容做出新的调整。

最后,从新闻专业主义的核心要求来看,"新闻专业主义的核心理念,一是客观新闻学,一是新闻媒介和新闻工作者的独立地位和独特作用"[3]。掌握必要的专业技能和实践能力,是对新闻从业人员最基本的要求,建立在专业技能和实践能力基础之上的评价标准和行为规范才是新闻专业主义的核心来源,也即只有在掌握专业技能和实践能力的前提之下,新闻媒介和新闻工作者才有可能占据独立地位、拥有独特作用。

三、南京大学新闻专业实践教育特色

虽然高校新闻专业实践教育在总体上缺乏创新,但是部分高校的新闻院系已经在努力尝试突破创新,并且形成了一些自己的特色,具有代表性的高校有南京大学、武汉大学、厦门大学等。本文以南京大学为例来探讨高校新闻专业实践教育中具有特色的举措。

(一)南京大学新闻传播学院概况

南京大学新闻传播学院创办于 2003 年,至今已有 10 余年的历史。实际上南京大学在 1958 年就设立了新闻专修班,虽因困难时期而停办,但 1986 年在教育部的批准下,南京大学新闻专业又得以恢复。由此可见,南京大学新闻学专业有着较为悠久的办学历史。

在机构设置上,新闻传播学院下设三个系,即新闻与新媒体系、应用传播系、广播电影电视学系;设有新闻研究所、大众传播研究所、网络传播研究中心、政府新闻研究所、国际传媒研究所、中华文化图像传播研究所、南京大学奥美创意研究院等研究机构;并拥有南京大学传媒教学示范中心、江苏省哲学社会科学研究基地(社会舆情分析与决策支持研究基地)、中国南海研究协同创新中心传播学部、《中国网络传播研究》等教学科研与学科平台。从机构设置来看,南京大学新闻传播学院比较偏重应用型课程的设置,同时也密切关注当下的新媒体环境,设置了一系列与新媒体、网络传播密切相关的课程。另外,南京大学新闻传播学院对中国舆情发展也保持着足够的重视与警惕。

(二)课程设置:"学生走出去,记者走进来"模式

在学科与课程设置上,新闻学系下设新闻学本科专业,学制 4 年;主要为新闻媒体培养合格的新闻专门人才。另外,该专业还设有新闻学硕士点,学制两年半,主要为高校、媒体培养具有一定研究能力的高级新闻人才。新闻学本科的主要目的是培养合格的新闻专门人才。因此在本科课程的设置上也增加了较多的实践型课程和应用型课程。

新闻学本科学位核心课程包括新闻学概论、新闻采访、新闻写作、新闻伦理与法规、新闻摄影等专业课程。新闻学硕士学位核心课程包括新闻理论、新闻业务、广播电视新闻等。这些课程中，新闻采访、新闻写作、新闻摄影等都力图培养学生的实际操作能力，为他们未来的新闻实践与新闻生产打下基础。

实践课程包括新闻专业课程中所安排的实践内容，例如新闻采访课程中所安排的采访实践、新闻写作课程中所安排的写作实践，以及新闻摄影课程中所安排的摄影采风实践等。这些基础的实践课程基本上是每个新闻院校都会开设的，意在提高学生的业务能力和实践能力。但一些高校的新闻实践课程过于形式化，没有真正触及新闻生产的核心，无法从真正意义上锻炼学生的实践能力。在这一点上，南京大学新闻传播学院新闻课程的设置则较有特色，可以将其概括为"学生走出去，记者走进来"模式。

"学生走出去"是指学校开设的基础课程中的实践部分能深入媒体、业界的内部，让学生进入媒体，真正了解媒体新闻运作的机制、规律。例如，在特色实践课程中，教师会带领学生深入电视台、报社内部进行参观、实习；在新闻摄影课程的实践中，会开展校外采风课程，去特色乡村进行采访和采风，其中具有代表性的传统活动是"皖南采风活动"。这一系列活动不仅让学生有机会将他们所学的理论知识应用到实践中，更将课程实践拓展到了校外，进一步深化了教学实践。

"记者走进来"是南京大学新闻实践课程的另一种形式，具有代表性的是"名记者进课堂"系列活动。"名记者进课堂"系列活动是南京大学新闻传播学院的特色活动，主要邀请国内外知名记者、编辑进入课堂为学生授课。参与过讲座的记者包括《南方都市报》时事新闻中心首席记者王莹,前《华商报》首席记者江雪,央视知名主持人敬一丹,新华社内蒙古分社编委、政文部主任、高级记者汤计等。

如果说在新闻实践课程中,"学生走出去"是让学生在实践中摸索新闻生产的特征、掌握新闻生产的规律,那么"记者走进来"则是通过名记者讲述多年的媒体工作经验和工作心得,向学生传授媒体工作的精髓,用过来人的职业经验为学生未来的新闻实践活动提供指导。这两种不同类型的实践课程可以概括为业务型实践课程和理论型实践课程。业务型实践课程为学生提供去新闻一线观察、实践的机会;理论型实践课程则通过理论上的指导帮助学生认清实践过程中可能会出现的问题、困难。两者相得益彰,共同促进学生实践能力的提升。

(三)特色实践模式与实践活动

特色实践活动是南京大学新闻传播学院在实践课程之外所开展的形式多样、丰富多彩的课外实践活动,这些课外实践活动与课堂实践课程互为补充,共同提升学生的新闻实践能力。这些特色实践活动可以分为5个类别。

1.假期社会实践活动

南京大学的假期实践活动包括暑假社会实践和寒假社会实践,意在帮助学生发现和理解社会现状与社会问题,锻炼学生的实践能力。新闻传播学院更是将假期社会实践活动与学生的专业特征相结合,鼓励和帮助学生利用自己的专业特长和优势开展丰富多彩且具有现实意义的实践活动。具体开展的形式与开展的内容如下。

第一,开展奥美暑期学校。奥美暑期学校由由南京大学—奥美创意研究院和纽约广告节主办方主办、南京大学新闻传播学院广告与传播学系承办的一项暑期实践项目,通过形式多样的广告案例来挖掘学生的创意思维和创新能力。同时鼓励学生通过小组合作的形式进行实战的广告设计来锻炼他们的实践能力和团队合作能力。这类暑期学校会定期召开,每一年的主题也会发生相应的变化,对学生深入地理解新闻专业的各项业务、提高业务能力具有重要意义。

第二,开展具有现实意义的暑期实践活动和寒假实践活动。南京大学新闻传播学院在寒假和暑假开展的实践活动不仅能够与学生的专业特征相结合,同时还具有深刻的社会现实意义。这些假期实践活动包括:(1)深入农村进行暑期实践,南京大学新闻传播学院在 2013 年开展的暑期实践主题是"新农村、中国梦——农村生活形态变迁调研",他们通过实践透视当前江苏地区乃至整个中国的农村居民生活形态的现状及变化趋势。(2)深入体察民情,了解民意,"全景青奥 深度青奥"是南京新闻传播学院 2014 年的暑期社会实践,这一实践活动围绕"青奥会"展开新闻实践活动,包括采访、拍摄、发稿、撰写研究报告等,在三个层面锻炼了学生:一是社会责任意识,二是实践能力,三是创新精神。(3)2015 年的"抗战记忆"暑期社会实践则将焦点投射到历史沉淀下的记忆和人,鼓励学生将目光真正投向真实鲜活的"人",挖掘、记录访谈对象与抗战史相关的记忆故事,最终形成厚重的口述史报告成果。通过对历史事件和历史记忆的挖掘,更好地指导当下的行动。(4)"拯救地球,行走故乡携手共绘天空地图"寒假社会实践是在 2013 年的寒假开展的,这是南京大学新闻传播学院"同一片天空·雾霾在中国"寒假社会实践的内容之一,通过可视化新闻展示环境保护和雾霾的相关知识,并在新媒体平台上运营,取得了很好的传播效果。

2.建立一体化的校园实践平台

所谓一体化的校园实践平台,是指"建立服务于新闻实践课程和校园新闻制作的院级或校级媒体,学生的新闻实践以相关的实践性课程为依托,在老师的指导和院校的管理下,通过在校园媒体进行实践来完成课程的各项要求,同时锻炼自身的实践能力"[4]。南京大学有自己的广播电台、校报,新闻传播学院也拥有自己的新媒体运营平台(包括微博、微信平台及网站),学生不但能够在这些校级媒体平台上进行实践,完成课程要求,更能够以这些校级媒体平台为依托,在校级媒体平台的基础上拓展自己的实践舞台,创新和突破实践项目。这些实践项目包括:(1)举办"TV盛宴",即平台方引导和帮助学生拍摄和制作电视短片,并对学生的这些电视短片进行展出;(2)举办国际青年艺术电影节;(3)拍摄纪录片,通过师生合作一起拍摄纪录片的形式,教师在实践中教学,学生在实践中学习,拍摄的纪录片包括《南京大学@1936》《电影教育的拓荒者:孙明经》等;(4)拍摄微电影,包括《一个都不能少》等;(5)拍摄76集情景短剧,这一校园情景喜剧在美国上线,是南京大学实践化教学的最新成果。

3. 建立实践教育基地

实践教育基地是南京大学新闻传播学院新闻实践教育的一项重要举措。这些实践教育基地包括教师自主设定的采风基地、南京大学在全国不同地区建立的校友会媒体分会、南京大学与媒体共建的校外实践教育基地、南京大学在全国各地建立的传媒研究所、部校共建新闻教育模式下的教育基地建设、南京大学人才培养基地等。这些实践教育基地对培养和提高学生的实践能力发挥了重要作用。(1)教师自主设定的采风基地,如皖南采风基地就是南京大学新闻传播学院的传统户外拓展基地,教师会定期带领学生去具有特色风情的乡村进行采风活动,在考察地方风情的同时完成教师规定的课堂任务,并培养学生的摄影摄像能力。(2)南京大学在全国各地建立的校友会媒体分会,突出代表是北京校友会媒体分会,这些校友会媒体分会的成立为新闻专业的学生搭建了沟通交流和实践的平台。让已经毕业了的在媒体行业工作的校友向还在读的新闻专业学生传授媒体工作的经验,并为他们提供媒体工作、实习的机会。(3)南京大学与媒体共建的校外实践教育基地,包括南京大学与人民日报社共建的校外实践教育基地,南京大学校外实践教育基地、人民日报社南京大学课外实践教育基地的建立有利于新闻人才的选拔和培养。南京大学新闻学院充分发挥这些实践基地的作用,选拔优秀的学生到媒体、报社学习,并邀请媒体、报社的资深编辑记者到新闻学院开设讲座,举办联合采访活动。这可视为南京大学新闻专业实践教育的特色之一。(4)南京大学在全国各地建立的传媒研究所,突出代表是在北京成立的新闻传播学院紫金传媒研究院,这一研究院作为南京大学新闻传播学院设立在北京的教学、科研、培训基地,以"聚焦媒体实务"为特色,搭建了一个新闻传播学界和业界交流沟通、互利双赢的平台。一方面可以为南大新闻传播学院的师生在北京开展教学、科研、实习提供服务,另一方面也为传媒界人士参与南京大学新闻传播学院的教学、科研、培训提供便利。(5)创立部校共建新闻教育模式,这一模式有利于新闻实务和理论的结合以及对现有新闻业务人员的培训。(6)作为新闻人才培训基地,南京大学整合了全校哲学社会科学的优质师资力量,全力培养学生各方面的能力。这些实践基地和新闻人才培养基地的建设对新闻专业学生实践能力的培养具有重要作用。

4.完善新闻实践教育的管理与考核模式

新闻专业实践教育对于学生未来职业生涯的拓展具有重要意义。学校在保证为学生提供优质、足量的实践平台和实践基地的同时,还需要确保这些实践教育平台和基地的有效运营。这就需要建立和完善实践教育的管理与考核模式。南京大学新闻传播学院在完善新闻实践教育的管理与考核模式的具体做法包括:其一,成立学生课堂自治委员会,学生课堂自治委员会是由全体学生选举出来的学生代表组成,这些委员会成员会定期召开教学反馈座谈会,根据教师的上课情况来对课程设置、教学效果、课堂纪律、考核制度等进行反馈,以促进教学工作的改进;其二,定期召开教学反馈座谈会,与实习归来的大四本科生交流在媒体实习的经验,反观本科生课程设置中存在的问题,最后形成《课堂舆情报告》,为尚未毕业的新闻专业学生提供指导;其三,实施新生导学制,在新生大一阶段开设新生导学课,引导学生尽快了解并进入专业领域的学习,根据专业设置的不同,开设了"读新闻""看广告""看电视"3门课程,赋予学生更加清晰的选择权。

5.其他实践活动与实践项目

除了假期实践、建立校园媒体一体化实践平台、建立实践教育基地、完善实践教育的管理与考核机制外,南京大学新闻传播学院还开展了其他形式多样、内容丰富的实践活动,这些实践活动包括:(1)参观电视台,前往电视节目、电视新闻制作的一线观察、感受新闻生产的过程,将所学的理论知识与新闻制作过程中的实际问题进行比较、观察;(2)记者节系列活动,逢每年的11月8日记者节,新闻传播学院都会开展系列活动,每一年会确定一个主题,并邀请名记者做讲座,帮助学生了解记者行业;(3)定向越野活动,通过新媒体技术来创新活动方式;(4)召开学术午餐会,开办创意公开课;(5)参加"卓越青年传媒学子辩论赛";(6)承办"国际青年艺术电影高峰论坛",召于"中国大学生新闻媒体峰会";(7)成立兴趣小组或工作坊,帮助学生开阔学科视野;(8)定期对社会热点事件进行追问和讨论,并且组织"读者无疆"新闻传播学院读书月活动等。

四、南京大学新闻专业实践教育的启示

南京大学在新闻专业实践教育方面形成了自己的特色，并且相较于其他的新闻院校，成效比较突出，这也使得南京大学新闻学专业在全国新闻专业中名列前茅，更为重要的表现是，由于这些新闻实践教育活动的有效开展，新闻学专业学生的实践能力有了显著提高，大部分毕业生走上社会，步入新闻职场后，他们的工作能力得到了业界的肯定。

在全国新闻院校新闻实践教育成效普遍不高的情况下，南京大学新闻专业实践教育的各种举措却收效甚佳。那么，这些具体的举措能够为其他新闻院校的实践教育带来哪些启示呢？

第一，实践教育要与理论教育相结合。我们强调新闻实践教育的重要性，但这也容易导致高校在实践教育和理论教育的权衡上有所偏颇。不能因为强调理论教育的重要性就忽视实践教育，更不能因为强调实践教育的重要性就忽视理论教育。二者作为高校新闻教育的两个重要组成部分，缺一不可，同时也不能偏重其一。虽然"新闻从业者对新闻教育中着重教授的新闻理论、新闻职业和专业伦理及采写编评的专业技能并没有给予很高的评价，也就是说从事新闻工作本身不需要特别的专业教育，他们更加注重新闻实务操作中的分析问题能力、语言表达水平、熟悉党的路线方针政策，而这些主要和个人的语言功底及对国家政策的熟悉程度有关"[2]。但是这并不说明理论知识的培养就不重要。南京大学新闻传播学院课程设置的一个重要启示是理论课程与实践课程的权衡与合理安排，既考虑提高学生的新闻理论知识水平，又注重培养学生将所学的理论

知识运用于实践之中,达到以理论指导实践,在实践中深化理论的效果。

第二,实践教育不能脱离实践的本质与核心。实践是一种对象性的、改造性的活动。新闻实践同样具有目的性,它不是为了实践而实践,而是要达到一定的效果,能够为实践对象带来一定的改变。以南京大学的假期实践为例,深入农村调查农民消费结构变迁的假期实践为学生提供了了解日常生活之外的事物的机会。绘制中国雾霾地图的暑期实践为学生提供了了解中国环境现状的机会、提升了学生的环保意识。这类实践具有现实意义,没有脱离实践的本质与核心。

第三,创新实践教育模式,以学生的切实需求为中心是新闻教育实践的基础和出发点。谈高校的新闻实践教育,不能忽视的一个重要要素是学生本身,离开学生,新闻实践教育无从谈起。因为学生才是新闻实践教育的主体,所以必须要将学生对实践的看法和要求视为开设实践课程、开展实践活动的重要依据。从学生的基本需求出发的实践必然能够引发学生的兴趣,同时也能够收到较好的实践效果。

第四,要完善实践教育的管理与考核模式,进行实践反馈和经验总结非常有必要。实践课程的开设和实践活动的开展只是高校新闻教育实践的开端,要保证实践活动的顺利进行,以及实践活动取得实际的成效,就必须在实践过程中定期地进行实践效果反馈,在实践活动结束后实行实践效果考核。只有完善实践教育的管理与考核机制,才能够真正保证学生实践活动的有效进行。

五、结　语

高校新闻实践教育重要意义不仅表现在对新闻专业学生实践能力的

培养上,更表现在对中国新闻业发展的推动上,其重要性不言自明。然而,当下中国高校开展的新闻实践教育,其成效并不乐观,鲜有高校能够开展切实可行、富有成效的新闻实践活动。南京大学新闻传播学院在进行新闻专业实践教育的过程中,将新闻理论教育与新闻实践教育有效融合,创立了一体化的校内实践教育平台,并建立了一系列的校外实践教育基地和人才培养基地。在保证新闻实践教育的成果方面,南京大学新闻传播学院建立并完善了实践教育的管理和反馈机制,以确保在实践过程中出现的问题能妥善解决。这一系列具有创新性和实效性的举措为中国其他高校新闻实践教育的有效开展提供了十分有益的借鉴与启发。

参考文献

[1] 周丽. 高校新闻教育面临的困境及应对[J]. 新疆财经大学学报,2010(2):69—73.

[2] 吴飞,丁志远.新闻教育与新闻专业主义理念的建构[J].浙江大学学报(人文社会科学版),2007(6):128—137.

[3] 黄旦.传者图像:新闻专业主义的建构与消解[M].上海:复旦大学出版社,2005.

[4] 杨雨丹.新闻教育的背离与回归——新闻教育脱离实践的原因分析和应对之策[J].西南民族大学学报(人文社会科学版),2009(7):155—158.

民办高校新闻专业实践教学探析

——以浙江树人大学为例

陈　亮[*]

　　新闻学专业在高等教育专业中属于热门专业，截至 2014 年，全国共有 486 所高等院校开设了新闻学专业。民办高校是我国高等教育大众化的产物，很多民办高等院校都设立了新闻学专业以应对市场的需求。民办高校与公办高校相比，在办学规模、办学场地、办学水平、师资力量、实验设备等方面均存在差距，民办高校如何办好新闻学专业是一个值得探讨的论题。新闻学专业是一个应用性极强的专业，因而民办高校要办好新闻学专业，关键在于设立一个符合民办高校特点，有较强针对性和可操作性的实践教学体系。笔者以浙江树人大学新闻学专业为个案，从培养目标特色、课程体系设置、实验平台建设、实践教学体系、专业社团工作室辅助模式等几个方面入手，探析民办高校新闻专业实践教学的经验与规律。

---

　　* 陈亮，浙江树人大学人文学院新闻学专业教研室主任。

一、突出实践教学特色的人才培养目标

人才培养目标的确立是建设好专业的基础，尤其是对民办高校而言，确立一个有特色的人才培养目标更是其在专业差异化竞争中立于不败之地的关键。新闻学专业人才培养目标的确立决定了实践教学的设置和开展。

浙江树人大学新闻专业设立于 2001 年，最初为专科专业，专业名称为"网络新闻传播"。树人大学是浙江省最早设立网络新闻传播专业的高等院校之一，设立该专业符合当时网络媒体迅速发展、社会需求大量网络新闻传播人才的市场背景。网络新闻传播专业的人才培养目标也非常明确，即培养既符合传统媒体需求也符合网络新闻媒体需求的应用型人才。2006 年专业升级为本科专业，专业名称也由"网络新闻传播"改为"新闻学"。办学规格的提升以及专业名称的改变，都要求在人才培养目标上更具特色，使专业有提升发展的可能。随着数字技术的飞速发展，新闻传媒业出现了媒介融合，传媒业形态从平面走向了多媒体，媒介终端呈现出小型化、移动化的新特点。媒介融合时代的到来对人才素质提出了更高的要求。现代传媒行业从业人员是复合型人才，需要知识加技能。知识指百科知识和行业专业知识；技能包括计算、互联网、数字传媒工具的熟练使用等。

新闻专业人才培养目标、教学目标的设置需要符合媒介融合的市场需求。新闻专业人才培养目标可以分解为三个方面：一是新闻专业人员的政治素质培养，包括掌握马列主义、毛泽东思想、邓小平理论，认识形势

和掌握政策的能力,新闻职业精神和职业道德;二是知识培养,在知识培养中要强调一专多能,从横向、纵向两方面培养,包括文、史、哲基础知识、新闻专业基础知识、采编专业知识、报道领域的专业知识、网络专业知识以及百科知识;三是新闻专业人员的能力培养,包括接收和处理信息的能力、鉴别能力、写作能力、组织能力、创造能力、现代化工具的运用能力,特别是网络信息技术运用能大。

在明确人才培养目标后,树人大学将新闻学专业人才培养目标确立为培养适应21世纪社会发展需要的,具备扎实的新闻工作理论基础和较强的采编能力、系统的网络传播知识和网络技术基础,能在传统新闻单位或各类新闻网站和商业网站从事新闻采写、编辑、策划和网站建设网络维护等工作,也能从事企业宣传、媒体沟通、文化传播、企业信息化管理等工作的高级应用型人才。高级应用型人才的定位分为两个方向,一是适应新闻单位和网站的需求,二是面向企业单位,即面向传统新闻单位以及各类网站企业。专业的特色定位是融传统新闻理论及网络技术为一体,培养兼备新闻和网络双重能力的高级应用型人才。专业方向的培养重点和核心能力为应用型。

在培养体系中,根据这个目标,学院在新闻学专业下设置了两个方向:新闻采编方向和网络传播方向。新闻采编方向培养具备系统的新闻理论知识与技能,熟悉我国新闻、宣传政策法规,具有较强的适应传统媒体新闻采访、写作、编辑和新闻摄影摄像的能力,较熟练掌握计算机及现代网络技术的,能在新闻出版与宣传部门从事编辑、记者与管理等工作的人才。网络传播方向培养具备较宽广的文化科学知识,有较强的新闻传播能力,掌握信息的采集、写作、编辑、摄影摄像等技能,系统掌握网络传播理论知识与技能,熟悉网络传播的政策与法规,能在传统新闻媒体与网络媒体以及政府部门、学校、大型事业单位等从事新闻传播、网络内容管理以及网站建设与管理、电子商务等工作的人才。

人才培养目标的特色决定了民办高校新闻专业必须符合市场需求，在课程设置和实践教学方面更加有针对性。

二、明确实践内容方式的课程体系

新闻专业的实践教学可分为课内实践和课外实践两个部分，而实践教学的开展依托的是课程体系，合理的课程体系设置是实践教学的基础，也是实现教学目标的保证。

树人大学新闻学专业的培养目标是"厚基础、宽口径、有方向"，将传统新闻与现代网络技术有效结合在一起，要求培养的学生有深厚的新闻传播基础，既懂新闻，又懂网络基础，同时在专业方向上又有所侧重。课程设置中不但要重视理论基础课程的教学，更针对实践教学强化应用技能型课程的教学。学院采用"平台＋模块"模式，将课程分为4类，即基础平台课、学科基础平台课、专业方向模块课、专业选修课，形成了"一条双交叉主线、两个专业方向"的课程体系。

基础平台课：为培养学生新闻专业的基本能力，主要开设了新闻学概论、新闻采访学、新闻写作、新闻编辑学、新闻评论学等传统新闻课程。同时开设网络新闻传播概论、网络技术基础等网络传播方面的基础类课程，为学生提升新闻专业技能和网络技能打下坚实的基础。

学科基础平台课：开设了多媒体设计与制作、平面设计与制作、网页设计、网络信息检索与管理、新闻摄影、摄像技术等技能性较强的课程，强化学生的实际应用能力。

专业方向模块课：针对不同专业方向的学生分别设置不同的课程，进一步深化学生专业知识的学习，提高学生的专业实践能力。针对新闻采编方向的学生，开设新闻作品分析、马克思主义新闻理论、社会调查原理与方法、传播社会学、情报分析学、媒介时政研究等课程；针对网络传播方向的学生，开设网站建设与管理、非线性编辑、网络媒体策划、网络安全、网络文化等课程。

专业选修课：开设了电子商务概论、网络企业管理、文献检索、视觉传达与艺术设计、企业文化与传播、中外传播专题、电视专题与电视栏目、演讲与口才、网络技术与开发、广播电视学、广告策划与创意、广告文案写作等相应课程。专业选修课的目标是拓展学生的理论体系与技能体系。

课程体系的设置要符合人才培养目标，同时也要突出实践教学的特点，学院在课程设置上除紧抓传统新闻学专业采、写、编、评四大能力的培养外，更加强了网络新媒体技能的培养，在课程中强化实践能力的训练。

三、符合实践教学需求的实验教学平台

新闻学专业实践教学离不开实验教学平台。与其他公办高校相比，民办高校存在着实验室场地少、实验室建设经费紧缺的情况，如何在有限的条件下建立一个符合媒体融合需求且紧凑高效、适用面广的实验教学平台，是很多民办高校新闻专业面临的问题。

树人大学新闻学专业结合媒体发展最新趋势，充分考虑教学和实践需求，建设完成了"新闻全媒体综合实训平台"。该实训平台采用了平台

加模块的建设方式,由一个平台配合不同模块实现多重功能。它不是单一的课程实验室,而是集新闻电子采写实训平台、报刊专业排版实训平台、电视直播实训平台、非线性剪辑实训平台、新闻网络传播实训平台等多个功能于一体的综合性实验平台。该平台最大限度地提高了实验室的使用效率,同时也避免了实验室的重复建设,以最少的投入让学生拥有功能最全面的实践训练平台。该实训平台除了为专业教学服务,还与新闻专业实践教学体系相结合,使实践教学走出课堂又不脱离课堂,同时平台还服务于校园新闻和宣传工作,从而发挥了三重作用。

该实验平台涉及新闻采写、新闻编辑、报刊专业排版、新闻摄影、电视摄像、非线性编辑、网络建设、网络新闻传播等多门课程的内容,拥有新闻电子采写实验室、报刊专业排版实验室、电视直播实验室、非线性剪辑实验室、新闻网络传播实验室等多个功能。要实现这些功能,按照公办院校的做法,需要建立多个相应的实验室。而新闻全媒体综合实训平台是依靠基础平台,配合相应模块,实现多种功能。具体来说就是,以高性能计算机为基础平台,配合专业文字采写模块实现电子新闻采写实验室功能,配合专业排版模块实现报刊专业排版实验室的功能,配合网站建设模块实现网络新闻传播实验室的功能,配合电视直播模块实现电视直播室和非线性剪辑实验室的功能,将网站建设模块与电视直播模块结合在一起,实现网络直播媒体的功能。

学生用计算机选择方面,在数量上要充分考虑教学需要,既不过多,又有一定余量;在性能上要满足多个功能模块的需要。基础计算机房承担了平台的功能,而模块分为软件模块和硬件模块两部分。专业电子新闻采写软件承担电子新闻功能模块;专业报刊排版软件承担了专业排版模块功能;Web服务器、流媒体服务器及专业网站建设软件构成网络媒体模块;虚拟演播室和高性能视频工作站结合视频专业软件构成电视直播功能及视频后期模块。

在这样一个实验室平台上,学生可以完成全媒体所涉及的各个领域的所有流程,充分提高了实验室资源的利用率,避免了实验室建设的重复投入,也使学生全面锻炼了实践能力,以最小的投入达到了最理想的效果。

四、循序渐进的实践教学体系

新闻传播专业实践教学体系的建立是非常重要的。现在大部分新闻传播院系的实践教学模式相对简单,主要采取"假期集中实习"的方式。而新闻专业的实践教学应当有一个循序渐进的过程。

树人大学新闻学专业的实践教学采用的是"初期实践—中期实践—毕业实践"三级实践体系,并且保证在全程教学计划中落实。这样规范化的、循序渐进的操作,保证了学生在 4 年的学习中实践不间断。

(一)初期实践

初期实践在校园内开展,以校内实践基地(如校报、校广播台、学院网站)为主,辅以各类社团活动。由专业教师进行指导,分批、分组指导学生进行实践,制定明确可行的考核方案,对实践活动进行量化,予以成绩评定。从近处着手,让学生尽早接触实际,尽早培养学生的技能。初期实践主要集中在第一学期和第二学期,让学生一入学就投入新闻实践中,既培养了学生的新闻专业意识和专业素质,也为之后几个学期开设的专业课程的学习奠定了基础。

初期实践的主要目标是培养学生扎实的写作能力。写作能力是新闻专业学生的基础能力，无论是传统媒体的新闻采编，还是网络新媒体的编辑工作，都需要学生具有扎实的写作基础。学生写作能力的培养，不能仅仅依托新闻采访和新闻写作课的课内练习，还需辅以课堂外的实践教学。

在初期实践环节中，每个学生必须完成规定数量的采写任务，不完成则考核等级不及格，这使写作训练的进行有了制度上的保障。学生带着任务和目的去写作，可以有效提高专业写作训练的针对性，再配合相关课程的教学，就能真正提高专业写作能力。将以往的先教再写模式改为先写再教、边写边教，将新闻专业写作教学和新闻实践融合在一起，显著提高了新闻写作课程的教学效果。

以往新闻学专业学生无论在校报、校电台还是校电视台等部门实践，指导教师很多都不是新闻专业的教师，即使有一些专业教师进行指导，也只能称之为辅导，而不是全面投入的专业性指导。因此，初期实践中各平台均为学生配备了新闻专业教师进行指导。

初期实践的内容很关键，如果内容不明确，那么实践效果就无法保证。初期实践分为两个环节：一个是新闻采编环节，一个是视频网络环节。新闻采编实践依托校报、院刊等纸质媒体，学生分组展开实践，每组必须独立完成指定数量的采编任务。一个班级分为若干组，每组在一学期内必须独立完成一期新闻专业报纸的出版工作，包括前期采访写作和后期编辑出版；每个学生至少要完成若干篇新闻稿件的采写。视频网络实践依托校网和院网等视频网络平台，学生分组独立完成规定量的视频新闻的采集制作及发布。这样既有明确的实践内容，又有具体的任务量，使学生在实践过程中有明确目标，教师的评分有了量化的依据，并且能有针对性地指导学生实践。

初期实践中,通过轮岗制保证学生全面接触新闻工作各个环节,从而全面了解新闻工作的基本流程。轮岗制中,学生分为两个大组,分别选择新闻采编环节、视频网络环节中的一个环节开展实践活动,以一个学期为一个单位时间。一个单位时间结束后,两个大组互换实践环节,从而完成了两个部分的全面、系统实践。学生在这个过程中,会学习采访、写作、编辑、摄影、摄像、视频制作等所有新闻工作流程。专业指导教师还可以在实践过程中发现学生的特长,根据不同学生的特长进行有针对性的培养。

分组实践的关键在于考核机制的设置,学院制定了分组实践、考核个人、划分等级的考核制度。以小组形式进行实践,将任务量定到个人,如采、写、编实践环节,整体是以小组形式完成,但等级考核要落实到个人,给每个学生分别打分。同时,学院利用新闻专业的特性,针对学生的不同表现设置考核等级,以提高学生的积极性。如规定在采、写、编环节中,最低要求为新闻采访写作若干篇,无论是否刊发,达到这个数量,可获得及格等级,而比规定数量多发表,或被校级以上刊物发表,则予以加分,提高相应的等级。这样既保证了考核制度的公正性,又维护了实践学生的积极性。[1]

(二)中期实践

中期实践安排在大二结束之后的暑假,为期 40 天左右。学生已经基本完成了基础课的学习,通过这一阶段的实习,学生能够更加了解自身的学习能力,以便在未来两年的大学学习中查漏补缺、完善自我。中期实践教学包含两方面的内容,一是由学生自己联系或是由学院推荐进入相关媒体或网络公司进行实践;二是进行社会调查或是专题新闻采写。社会调查和专题新闻采写不是由教师个人命题后学生再进行调查和采写,而是由学院结合具体项目,从专业层面统一部署,专业教师进行全程指导。例如,学院已完成的"树人大学新闻学专业毕业生就业调查""树人大学百名优秀校友访谈录""树人大学建校三十周年校友访谈"等项目,都是与学校需求或专业需求相结合,由专业教师指导,新闻专业学生独立完成,并汇编成册。这些具体应用项目对学生的专业水平要求高,同时对专业能力的锻炼效果也较好。

(三)毕业实践

毕业实践安排在第八学期,也就是大四的下学期。毕业实习单位以学生自己联系为主,学校负责推荐。这主要是考虑到学生即将面临择业,作为就业之前最后一次长时间的"职场演练",学院鼓励学生将职业规划与毕业实习内容对接。

五、实战型的专业社团和工作室辅助模式

课内实践和课外实践是新闻专业实践的基础,针对的是全体新闻专业的学生。整体而言,学生的学习主动性、能力水平和专业技能的掌握程度等都有差异,课程内实践教学能顾及全体专业学生,但无法进一步提高优秀学生的能力水平,因此在建立教学体系的基础上,我们又建立了专业的社团和工作室,展开实战训练,以提高这部分优秀学生的专业水平,同时由这些学生去带动其他学生的专业学习。

树人大学新闻学专业成立了一个专业社团——"闻新社"。这个社团不同于高校普通的学生社团．高校中的学生社团一般是由有共同兴趣爱好的不同专业的学生组成，多数为校园文化活动类社团，专业性不强。闻新社完全由在校新闻专业的优秀同学组成，社团承担了学院报纸和刊物的采编、制作、出版发行，学院网站文字和视频新闻的采写摄制，校园访谈节目制作及网络维护等实际工作。该社团还为校报供稿，在该社团的基础上，新闻专业和校新闻中心联合建立了学校网络电视台。社团的主要活动方式完全与新闻媒体工作流程保持一致，经过社团学习和锻炼的学生，其能力普遍超过其他的同学，这些优秀的学生也会成为课程内实践教学的有力助手，带动其他学生的学习积极性，提高课程内实践教学的效果。

在设立专业社团的同时，新闻专业还成立了一个专业工作室——"追光影像工作室"，以工作室的模式进一步加强实践教学。工作室和专业社团的模式不同，专业社团工作是常规式的，无论是报纸还是视频网络新闻，都要求定时定量制作，因而参与人数较多，能力要求相对较低。工作室的模式是项目式的，主要承担各种实际工作项目。工作室成员与专业社团相比较更加精简，主要由高年级的学生组成，人数相对较少，专业能力相对更好。工作室的指导方式是教师一对一的，由专业教师和校外媒体导师亲自带队指导，完成具体项目。[2]工作室目前承担的项目分为校内和校外两部分。校内项目主要是各类学术活动、校园文化活动的拍摄、剪辑制作。校外项目主要是各类企事业单位的实际项目，如"星星火炬"全国少年儿童英语风采展示浙江赛区活动摄制、丁桥镇皋城社区微电影摄制、中国白银集团尊梵品牌微电影摄制、中华人文读书节活动摄制等项目。由工作室承担的项目获得了较高的评价，如由工作室摄制的《一张纸条的承诺》获得浙江人文大讲堂·微讲堂比赛优秀奖,《树人之歌》获得浙江省高校校歌 MV 比赛一等奖等。

通过专业社团和工作室的实战型训练,学生不仅在专业能力方面获得较大提高,也在学科竞赛方面取得一定成绩,在全国大学生广告大赛、浙江省大学生多媒体竞赛、浙江省大学生摄影竞赛等各类学科竞赛中均有奖项获得。

高等院校的新闻专业实践教学是一个综合体系,而不仅仅是课堂内的几个实验、课堂外的一些实践。人才培养目标是实践教学的基础,课程体系是实践教学的保障,实验教学平台是实践教学的工具,实践体系是实验教学的体现,社团工作室是实践教学的辅助。民办高校新闻专业的实践教学应该探索一个符合民办高校办学规律,体现民办高校新闻专业特色的模式。

参考文献

[1] 陈亮.构建高校新闻专业校内实践教学体系的思考[J].浙江树人大学学报,2009(6):97－99.

[2] 潘新."工作室培养模式"如何创新新闻实践教学——一名新闻教育者的思考与探索[J].中国记者,2013(6):55－56.

融媒时代的新闻教育:话题重启与观念变革

——从美国新闻生产和教育的视角观照

洪长晖 *

2014 年 8 月 18 日,习近平主持召开中央全面深化改革领导小组第四次会议并发表重要讲话,提出要强化互联网思维,加快媒体融合发展。这一讲话的核心在于将媒体融合上升为一个国家层面上的动向,相应地也对学界和业界提出了新的要求。

从词源的角度来审视,"媒体融合"这个词的产生已经有较长一段时期。早在 1983 年,美国麻省理工学院的伊契尔·索勒·普尔(Ithiel De Sola Pool)出版了《自由的科技》(*The Technologies of Freedom*)一书,其中就提出了"传播形态融合"(the convergence of modes)的概念,意指多种媒介呈现出多功能一体化的趋势。[1]而晚近的媒体研究者亨利·詹金斯则这样表述:"我使用的融合概念,包括横跨多种媒体平台的内容流动、

---

* 洪长晖,浙江传媒学院文化创意学院讲师,广告系主任,浙江大学传播研究所博士后;主要研究方向为传播与社会发展。

多种媒体产业之间的合作以及那些四处寻求各种娱乐体验的媒体受众的迁移行为等。我通过融合这一概念尝试描述的是技术、产业、文化以及社会领域的变迁。"[2]詹金斯的描述非常明确,堪称当下对媒体融合领域诸般界定的代表,不过需要注意的是,他在讨论技术、产业、文化及社会的变迁时并非均衡用力的,甚至在他看来这些内在因素之间存在着某种非线性的互动关系。所以国内有学者就顺着这一思路,提出媒体融合是"在放松规制、技术融合和受众细分化的多重驱动下产生的,放松规制促使跨媒体、跨所有制集团的建立以及融合新闻生产成为可能;技术融合使得手机、互联网等融合终端出现,文本、图片、音频、视频等可以在一个终端上展示;而受众细分化、碎片化是媒介融合的最终驱动力"[3]。

由是,我们可以注意到,融合新闻生产(即内容)依然在媒体融合时代具有至高的地位。事实上,迄今为止,各个媒体探索媒体融合的道路时在"新闻生产"领域也是着力最多的,像《纽约时报》这样具有风向标地位的媒体业已诞生了以《雪崩》为标志的融合新闻产品。新闻生产正酝酿着一场变革,而这场变革的端倪已经"春江水暖鸭先知",在美国新闻教育领域催生了一系列新动向。考察这些新动向,将有利于我国正处于转型关口的新闻传播教育引以为鉴。

一、美国新闻生产转向的模式

首先得明确,融合新闻(生产)只是媒体融合的一个层次。按照美国西北大学学者 Rich Gordon 的划分,媒体融合本身包括 6 个层次的内容:媒体科技融合、媒体所有权融合、媒体战术性联合、媒体组织结构性融合、新闻信息获取融合以及新闻报道的融合。[4]当我们讨论这 6 个层次时，很显然每一层次所影响的领域和范围是不一样的，而与新闻传播教育最为相关的当属新闻报道领域的融合，即融合新闻生产。

道理很简单，我们都知道，美国的新闻教育首先就是从如何进行新闻生产开始的。1888 年康奈尔大学带头开设的就是写作课程，而密苏里大学新闻系（全美第一个新闻系）在 1908 年设立之初开设的主要就是采访、编辑等课程。捐资兴建哥伦比亚大学新闻学院的普利策本人就曾经说过："一家有能力的、无私的、为公共福祉而不懈奋斗的报纸，与训练有素、了解并追求真理的知识分子共同努力，可以脱离可笑的政府而独立保护公共美德。一家愤世嫉俗、唯利是图、蛊惑人心的报纸也会适时地造就以它为基准的民族。铸就未来共和国的力量就掌握在未来一代的记者手中。"[5]正是看到新闻生产所具有的重要意义，新闻教育最先就是专注于此。

顺理成章地，新闻生产是一个与时俱进、日新月异的变化过程。正是在媒介融合大趋势的推动下，新闻生产的模式也悄然发生了变化，这些变化又毫无疑问地会"牵一发而动全身"，使整个新闻业面临一系列的新问题。新闻传播研究者指出，新闻生产模式至少呈现出了这样三个明显的变化：第一，从粗放单一的新闻生产转向集约化的新闻生产；第二，从封闭独立的新闻生产转向数字化的融合新闻生产；第三，从专业工作者的新闻生产到全民参与的新闻生产。[6]

这三个变化决不能等闲视之。首先，从粗放型向集约化的转变，其动因与媒体生态格局的变化有关。美国一直是世界上媒体产业最为发达的地区，其媒体的发展也就顺理成章地成为全球媒介产业的标杆。仅就电视这一种传统大众媒介而论，自其诞生到当下，无论是技术还是内容，都已经发生了翻天覆地的变化。埃杰顿在回顾了美国电视产业的变迁历史之后,特别强调了电视在美国的发展趋势:(1)电视(像互联网一样)现在在背景和文化影响上具有全球性;(2)电视与互联网是高度兼容的媒体;(3)电视与互联网共同产生的最重要的感性效果是环境性的;(4)数字融合通过多元化平台提升和拓展了电视的相关性、盈利性和影响力;(5)"千禧一代"是电视从目标市场模式向个人使用市场模式过渡的弄潮儿;(6)在数字时代,火爆节目比以往更加重要;(7)电视和互联网重铸了"文化素质"在 21 世纪的含义。[7]从埃杰顿所列出的这七大趋势可以看出,电视内容的生产已经能非常自觉地调适自身,以应对媒体生态格局的变化(具体而言,在当下主要是互联网和移动终端引发的格局变化)。换言之,作为第一媒介的电视已然不得不在寻求"质"的蜕变。毫无疑问,即便在美国,电视的生存境况也依然是最好的,而它尚且如此,遑论其他? 传统媒体的内容生产(自然包括新闻生产)已经不再能够引领潮流,而必须学会精耕细作。

第二个变化与上述集约化转型息息相关。作为新闻生产最终呈现出来的产品,以往的新闻报道更多地强调在内容、视角和时效性等多个层面上与同类媒体展开竞争,不同类型的媒体虽然也存在着竞争关系,但由于彼此的属性不一样,反倒能相安无事,构成了区隔明显的媒介生态格局。只不过,融合时代到来后,新闻生产已完全无法再开展传统意义上的竞争,同时,不同类型的媒体非常有可能面对同一群受众,而由于受众的注意力是有限资源,由此竞争就演变为媒体之间全方面、多层次的生死相搏。融合新闻就成为各家媒体力图突破困局、脱颖而出的寄托。前文提到的《纽约时报》在融合新闻生产方面的代表作《雪崩》,耗资 25 万美元,制作时间长达 6 个月,但是一经发布,短短 6 天时间就获得了高达 290 万的访问量和 390 万页面浏览量。有人做了这样的描述："（受众）可以感受到雪崩那一刻的情景，伴随着呼啸狂风的音效，首先映入我们眼帘的是一个广角镜头中的风卷积雪的动态图像，让人如同进入了立体电影的情景。然后随着一座动画天桥的延伸，读者越过了群山，抵达了滑雪地，抵达了雪崩发生、滑雪者罹难的地方。动画是按照用激光、雷达获得的数字高层模型和地形的卫星地图而创建的虚拟模型，雷达测得的数据、空间三维信息和激光强度信息使得动画非常逼真，令人如临其境。"[8] 可以看出，这一杰作很大程度上是技术推动的结果，以至于业界行家这样评价："《纽约时报》完全可以沿着目前的路子走下去，以这类型的数字化报道模式为起点，开创一种新的商业模式，重新定义新闻报道。"[9] 当然，《纽约时报》的这一做法是否可以持续走下去，还是一个有待探讨的问题（毕竟时间和资金层面都是一个巨大的投入），但是《雪崩》无疑重新定义了新闻报道，从而也对未来的新闻记者提出了全新的要求。

第三个变化即俗称的"人人都有麦克风"时代的来临。众所周知，在传统意义的大众传播时代，传播者都是由职业传播者或组织机构来担任，普罗大众不太可能创办甚或接近传媒，这也是长期以来民众追求"媒介接近权"（the right of access to mass media）的动机。不过，互联网时代到来之后，经常会被提及的一个词是"赋权"（empower），意即个人、组织与社区借由一种学习、参与、合作等过程或机制，使获得掌控（control）自己本身相关事务的力量，以提升个人生活、组织功能与社区生活品质。[10] 以互联网为代表和驱动力的新媒体所发挥的"赋权"功能在很大程度上表现为传统意义上的大众传媒对信息生产、制作、发布和解释的权力垄断被稀释和解构，呈现出"草根色彩"和"去中心化"特质。"风起于青萍之末"，这一动向在美国的媒体环境和生态格局中尤为明显。众所周知，当年的克林顿与莱温斯基"性丑闻案"最先就是由一个名叫"德拉奇报道"的博客披露的。该博客由一位普通民众马特·德拉奇创办于 1995 年,他以自己的名字命名经营的网络博客"德拉奇报道",每天推送大量的小道消息,需要注意的是,这些小道消息有许多是属于德拉奇的独家新闻。当然,让德拉奇"一战成名"的自然还是 1998 年 1 月 18 日的一条消息:"在最后一分钟,《新闻周刊》杂志'枪毙'了一条重大新闻——美国总统比尔·克林顿与一名 23 岁的白宫实习生有染。"正是这条对克林顿性丑闻案的报道,使得"德拉奇报道"成为全美最具影响力的博客,创造了一个月 170 万的访问量,排名仅次于美联社网站。特别需要指出的是,"德拉奇报道"具有典型的非专业化色彩,也正因为他不像传统媒体那样坚持所谓的"专业性"(其实这个案例所折射的更多的是《新闻周刊》的犹豫不决),所以能够抢占先机,把属于自己的"麦克风"能量用到极致。

在"德拉奇报道"案例中,有一点容易被人们忽视,那就是早在 1996 年,美国《连线》杂志就与德拉奇商定,从他的新闻邮件中摘取一部分精华内容予以刊登。随后,美国在线公司也与德拉奇达成类似协议。在双方协议中,德拉奇要求其写作(报道)内容不能受到干预,美国在线公司也不能对他所写的东西进行编辑。说这份协议是传统媒体向"草根媒体""低头称臣"恐怕有些言过其实,但是说它昭示了"草根媒体"的巨大能量已经被传统媒体所关注,则恰如其分。事实上,其后的互联网发展中,Facebook、Youtube 等社交媒体屡屡在新闻报道中向传统媒体挑战,更是一次次证明了"全民参与"新闻生产时代的揭幕。

不过,也恰恰是全民参与新闻生产、新闻生产的去中心化和非专业化,另一个问题表现得越来越突出:对信息的求证成本越来越高。草根报道的大量出现,一方面确实在报道面和报道量上极大地丰富了传统媒体所无法涵盖的信息空间，另一方面却是新闻信息的泥沙俱下、真假莫辨。其实前述"德拉奇报道"之所以凭借克林顿"性丑闻案"一举成名，很大程度上是因为《新闻周刊》顾及声誉，不敢贸然报道以致错失良机，而这恰恰从反面说明传统媒体一直坚持着信息的真实性法则，换句话说，"草根媒体"与专业媒体在对待信息真实性问题上存在一个明显的区隔。这种区隔的产生如果排除了草根报道者本身的不够重视这一因素外，还应当归因于作为非专业信息提供者，他们的媒介素养是参差不齐乃至欠缺的。由此，顺理成章地，新形势下的新闻教育就又面临着媒介素养提升的呼唤。

二、美国新闻教育对新闻生产新格局的应对

美国的新闻生产新格局对新闻教育提出了新要求。事实上，几大著名的新闻教育机构（如密苏里大学新闻学院、哥伦比亚大学新闻学院、佛罗里达大学新闻与传播学院等）早就意识到这些问题。长期以来，美国的高校新闻教育已经逐步形成了较为规范的培养目标：一是教育的目的最终是培养民主社会的支柱，要为实践民主思想、维护民主制度而服务；二是培养具有强烈责任意识的职业人士，不是为了某个新闻媒体培养人才，而是培养服务于整个社会的新闻人；三是培养学生敏锐的判断能力和批判精神，这对于维护新闻报道的独立、公正是至关重要的。[11] 当然，这些培养目标在融合媒体时代并没有发生根本上的"位移"，但是在具体的指向或操作策略上则已经有了较大的调整。这些调整有些是很细微的，如佛罗里达大学新闻与传播学院就在课程设置中开设了"特殊新闻话题"（special topics in journalism）这样专题性研究类课程，加州大学伯克利分

校新闻学院甚至开设过"伊拉克战争报道"这样极具针对性的分析课程，可以说都是在融合媒介时代新闻生产模式发生重大转变的格局下做出的策略性调整。与这些细部调节相比，美国目前的新闻传播教育中包含着一些具有全局性和前瞻性的应对之策。作为他山之石，这些措施在很大程度上会成为国内新闻传播教育改革的有益借鉴。

具体来看，美国新闻传播教育在适应融合媒介时代的嬗变方面有如下措施值得关注。

其一，专门设立媒介融合专业（或方向）。这方面开风气之先的是密苏里大学新闻学院，这家具有悠久历史（且对中国早期新闻教育具有关键性影响）的新闻学院在 2005 年就专门开设了媒介融合专业（convergence emphasis of sequence）作为应对的尝试。据该校的课程负责人 Daryl Moen 教授介绍，该专业并不是试图让每一个学生都学会各个领域的知识，而是要开拓一种面向新闻业的职业可能性。密苏里大学新闻学院还积极推进该专业与苹果公司、Macromedia 公司的合作，开展电脑化新闻传播教育。这些举措使得密苏里大学新闻学院这家老牌新闻学院既保持了"密苏里式的动手风格"（the Missourian hands-on style），又顺应了融合媒介时代对新闻传播人才的新要求，因而已经引起美国不少新闻传播教育院校的效仿。

其二，推进数据新闻、新闻可视化相关课程。媒介融合对新闻生产的影响包括技术层面上的，像"计算机辅助新闻报道"就可以视为这方面的一个代表。正如德克萨斯大学新闻系的主任布雷纳（R. B. Brenner）所说，"我们处在懂数据的记者的时代"。德克萨斯大学新闻系非常重视对数据新闻采集人才的训练和培养，为此专门开设了数据驱动下的新闻报道课程，类似的还有佛罗里达大学、哥伦比亚大学等。表 1、表 2 分别是哥伦比亚大学新闻学院科学硕士项目（哥伦比亚大学没有新闻本科教育）和密苏里大学新闻学院（本科）的课程。

从表1、表2可以看出，两所学校的新闻学院不仅有数据新闻方向，而且有记者与社会性媒体、数字新闻设计等课程内容的学习，其对这方面能力培养的重视程度由此可见一斑。

表1　哥伦比亚大学新闻学院理学硕士(MS)项目

必修课	新闻报道	7周：数字制作技能
		4周：分实操理论和写作技能
	新闻业精要	包括法律、商业、伦理、新闻史4门课，每课时长为7周，每次课上3个小时
	写作	时效性新闻、人物报道、特稿写作
	音视频	音视频编辑、摄影技术、数据可视化
	新闻营销	记者与社会性媒体、数字新闻设计
	席明纳和产业	课程1：从院内近40门课中选择
		课程2：从院内近40门课中选择
方向	数据新闻方向	在22个月内，强化训练数据和计算能力，加强发现和报道各类新型新闻的能力
	调查性报道方向	选拔出15名学生，在10个月内强化调查性报道写作能力

表2　密苏里大学新闻学院(本科)媒介融合课程

学期	课程
第一学期 （注：实际上为大三的第一学期，以下依此类推）	融合新闻报道（3学分） 实践问题解决（3学分） 美国新闻史（3学分）
第二学期	传播法（3学分） 融合新闻编辑与生产（3学分） 第一门专攻课（3学分）
第三学期	第二门专攻课（3学分） 新闻选修课（3学分）
第四学期	毕业研讨课：融媒体报道、编辑与市场营销（3学分）

其三,开设大量项目类课程,提升全民媒介素养。所谓媒介素养,就是指正确地、建设性地发挥出新闻传播资源的能力,充分利用各种媒介资源追求性价比更高的生活方式。在这方面的教育,英国和加拿大等国是走在前列的。不过,如前所述,正是到了融合媒介时代以后,新闻生产的格局发生了变化,因而媒介素养的提升则更加注重广泛性和覆盖面。美国新闻传播教育界对此的因应就更具有针对性和启发意义。这里同样值得称道的是哥伦比亚大学新闻学院,该院的做法之一是于 2015 年夏天开办的数据专业化证书项目,作为本科阶段与硕士阶段的过渡,这一项目的内容涵盖数据收集、分析和呈现的基本知识与技能,也就是说,项目的目标就是要提升数据新闻媒介素养。据不完全统计,过去几年间,美国开设了(或添加)数据新闻类课程的还有加州大学伯克利分校、北卡罗来纳大学和密苏里大学等。

毫无疑问,上面所列的仅是整个美国新闻传播教育界新动向的数端而非全貌。事实上,由于融合媒介时代的新闻生产本身一直处于变动不居的情势之下,几乎谁都无法准确预见其未来走向。所以佛罗里达大学的新闻教育负责人之一斯派克称:"无论我们是在课程上修修补补还是彻底大修,或者介于两者之间,目标都是尽可能地敏捷灵活,帮助学生奠定更坚实的新闻基础并展示新的、重要的和有助于他们就业的东西,这些能改善新闻业,为现在和未来的技术装备打下基础。"[12]斯派克"改善新闻业"的说法多少还带有一些"新闻理想",如果注意到美国新闻传播学子入职媒体的可能性与热情都呈急剧下降趋势,或许更能理解全美新闻传播教育的"被动无奈"与"主动应对"。

考之以中国目前的现实,会发现中国的新闻传播教育要学习的地方还非常之多。大抵来说,中国的媒介生态正在步美国传媒的后尘,所不同的可能更多的是程度的区别，如果以近几年纸媒的生存状态相对照，更会发现此言不虚。但是，中美传媒之间另一个更具有警示意义的区别在于，中国媒体的融合新闻生产还处于起步阶段。国内学者邵鹏曾统一将融合新闻生产的趋势概括为无权威、无中心、无边界、无预知后果的"四无"动向[13]，不过，不能不提的是，迄今为止，中国媒体（无论是主流媒体还是草根媒体）在融合新闻生产上还缺少有震撼力的创新。反过来看，则是中国的新闻传播教育虽然已经遍地开花（据统计，目前全国有 800 多个新闻传播专业教学点），但是真正开始因应融媒时代新变化的院校则很少，举其要者，可能局限在中国传媒大学（尤其是南广学院）、南京大学金陵学院、中山大学、浙江传媒学院等为数不多的院校，且在课程设置上也明显滞后（有些则是片面追求课程规范化造成的）。

本研究并不试图为中国新闻传播教育如何因应融媒时代开出药方，这远远超出研究者的能力。相反，研究者力图在美国当下的新闻生产实践与高校新闻传播教育之间建立某种关联，以此探寻美国新闻传播教育界与新闻业界打通的现实运作方式，从而为中国新闻传播教育和人才培养提供某种参照，毕竟——融媒时代已经到来！

参考文献

[1] 孟建,赵元珂. 媒介融合:粘聚并造就新型的媒介化社会[J]. 国际新闻界,2006(7):24—27.

[2] 亨利·詹金斯. 融合文化:新媒体和旧媒体的冲突地带[M]. 杜永明,译. 北京:商务印书馆,2012:30.

[3] 石长顺,肖叶飞. 媒介融合语境下新闻生产模式的创新[J]. 当代传播,2011(1):111—113.

[4] 方洁. 美国融合新闻的内容与形态特征研究[J]. 国际新闻界,2011

(5):28—34.

[5] 转引自:邹琼.中美高校新闻教育资源比较研究(上)[J].黄石教育学院学报,2006(1):22—28.

[6] 石长顺,肖叶飞.媒介融合语境下新闻生产模式的创新[J].当代传播,2011(1):111—113.

[7] 加里·R.埃杰顿.美国电视史[M].李银波,译.北京:中国人民大学出版社,2012:268—274

[8] 韩士皓,彭兰.融合新闻里程碑之作——普利策新闻奖作品《雪崩》解析[J].新闻界,2014(3):65—69.

[9] 郭之思.《雪从天降》:一次奢侈的融合报道探索[J].中国记者,2013(6):123—125.

[10] 参见维基百科:http://zh. wikipedia. org/wiki/％E8％B3％E6％AC％8A.

[11] 邹琼.中美高校新闻教育资源比较研究(上)[J].黄石教育学院学报,2006(2):39—43.

[12] 转引自:传媒新视野(http://www. neweyeshot. cn/archives/16587)。本研究多处数据来源于此,特作说明。

[13] 邵鹏.论新媒体时代融合新闻生产的"四无"态势[J].新闻大学,2014(2):121—124.

密苏里大学新闻学院新闻教育概况：
理论与实践中获取真知

方玲玲 [*]

密苏里大学新闻学院是世界上第一所新闻学院,创建于 1908 年。它的知名并不仅仅因为它是世界首创的新闻专业教育机构,更多的是由于它的教学方法。按照创立者沃尔特·威廉姆斯的理念,新闻教育必须是专业化的,而且应该在大学中进行。在一个多世纪的发展中,密苏里大学新闻学院培养了无数国际新闻界领军人物,为一流媒体和研究机构输送了大量人才。在为期半年的访学时间里,笔者通过学习相关课程、搜集资料及与教授交谈等方式,了解了密苏里大学新闻学院的教学情况与特色,概括为以下几个方面。

---

[*] 方铃铃,浙江大学传播学博士,浙江大学城市学院院长助理。

一、以"密苏里方法"为核心

"密苏里方法"(Missouri method)可谓密苏里大学新闻学院的招牌,是沃尔特·威廉姆斯新闻教育理念的具体体现,也是密苏里大学新闻学院引以为傲的教学模式。在学院的网站上有这样一句话:"今天,世界上许多杰出的新闻记者都是从密苏里方法中获得专业技能,这种方式让他们在新闻媒体和策略媒体机构中接受实际操作训练。"所谓密苏里方法,实际上就是"理论与实践相结合"这个最简单、最基本的教学方法的具体应用。在课程设置中,有课堂讲授、讨论和练习,学生能够真正参与到媒体实践中,而且媒体实践是列入课程安排的。所以,在新闻基本理论的通识教育之外,学生在实践经验中得到了充分的训练。新闻专业基础方面,学院要求学生必须修读传播法、跨文化传播、新闻史、新闻学等基础课程,建立扎实的理论基础。这些课程注重思维方式和理性分析能力的培养,并未因实践课程而弱化。

密苏里方法中的实践环节是经过精心设计与安排的,主要分为新闻和广告两个大类。除了相关基础课程外,学院设有 *Columbia Missourian*、ADzou、KOMU、KBIA 等不同类型的报纸、广告公司、电视台和电台,它们都是真正面向公众且实际运营的新闻媒体。学生在修读新闻专业课程时,必须在这些媒体获得实践经验,进行实际的新闻采写及新闻节目的制作。而且这些媒体都根据媒介技术的发展不断更新,所以学生能够从平面媒体到网络媒体等平台中全面训练技能。此外,学院在各门课程中都给学生提供哥伦比亚之外的媒体、广告公司、公关公司实习的机会。当然,这些媒体实践的学时要求并不是平均分配的,学生需要根据自己的专业方向来决定进入何种媒体平台,并获得相应的分数。学院本科阶段的专业设置有 6 个方向:融合新闻学、期刊新闻学、摄影新闻学、平面和数字新闻学、广播电视新闻学、传播策略。每一个专业方向都有具体的实践要求。

从这一点看,国内的新闻类院校虽然也设有相应的媒体平台供学生实践,但大部分并不是真正意义上的新闻媒体,只是面向校内进行传播。而密苏里大学新闻学院通过面向公众的新闻媒体,为学生营造了真实的新闻采、写、编等工作环境,学生在毕业之前就已经具备一定的业务水平和专业素养。

二、以"融合"为基本教学方法

密苏里大学新闻学院的实践课程多在一个各类媒体高度融合的平台——网络环境下进行,强调一种"在线"的环境。学院的媒体平台都充分与互联网融合。所以,学生在制作视频、音频、图片和文字新闻时,都在一个融合性的环境下进行。学院要求学生不仅会用新媒体进行实际操作,还要培养媒体融合的思维,提高搜索、利用信息的能力;大力倡导学生以记者的角色使用、体验各类媒体,如将学生在社交媒体上发布的内容和产生的影响作为相关课程成绩的一个参考因素。

但密苏里大学新闻学院媒体融合理念的贯彻并不局限于培养学生的新媒体技能,而是鼓励学生以融合性思维思考,跨学科、跨专业进行课程的修读和学习,在不同的学科思维中拓展专业技能。融合式的教学在课程设置上保证与其他相关课程的协同。学院鼓励学生选修与新闻专业相关的研究型课程,如统计学、法学、经济学等。此外,融合思维还体现在教学团队上,新闻学院的大部分课程由一名主讲教师承担,但有来自业界或其他领域的专业人士进入课堂或实践环节,各施所长,激发学生的创造力,拓展学生的视野。此外,学院尤其强调基本的新闻理念的重要性,避免学生陷入技术崇拜的误区。

密苏里大学的融合式教学是有着稳定的学术资源来保障的。一方面,密苏里大学新闻学院的学生能够选修跨学科课程;另一方面,每个课堂所邀请到的业界精英和课程的主讲教师都有完善的教学计划,保证了每一次的讲座时间和内容能够提前确定,使教学活动如期展开。

三、新闻专业理念的传承与坚守

密苏里大学新闻学院的师资力量主要由 80 多位全职教师构成,有两种类型:一种是拥有博士学位的学术型教学人员,讲授传播学、新闻学、新闻史等课程;一种是拥有丰富经验的媒体人、普利策新闻奖得主等,主要讲授新闻业务。理论课程与实践课程的并进,使新闻学院能够培养兼具理论知识与实践能力的新闻人才。

密苏里大学新闻学院一直秉承沃尔特·威廉姆斯的新闻教育理念和理想,而且这种理念通过归属感和荣誉感的培育不断得到强化。从 1930 年起,密苏里大学新闻学院每年都会举办一次年度盛会,即"密苏里金奖章"(Missouri Golden Medal),为世界范围内做出杰出贡献的新闻人和媒体颁奖。通过这种方式,密苏里大学新闻学院的凝聚力及其在新闻教育界的影响力得到彰显,这也是其坚守新闻专业理念的重要途径,对在校学生荣誉感的培养起到了积极作用。尽管在美国的新闻类院校中,哥伦比亚大学、西北大学等也具有强劲的竞争力,但密苏里大学新闻学院用它独特的方式承继着新闻教育的理想。

密苏里大学的内夫楼(Nefff Hall)铭刻着沃尔特·威廉姆斯关于新闻教育的格言,一共有 5 段,皆以"我相信"(I believe)开头,这些准则贯穿于密苏里大学新闻学院本科生到博士生的培养中。

四、结　语

总的看来,密苏里大学新闻学院的新闻教育是一个经过了一百多年历练的庞大体系,其中包含了理论研究与实训的丰富内涵,而且其在历史发展过程中不断扩充其实践平台,优化教学手段。作为一个以融合媒体教育著称的新闻学院,在重视各种新媒体技术手段的同时,它并没有忽视新闻理论教学及伦理类课程,这是其培养的人才能够在当下激烈的媒体竞争中脱颖而出的一个重要原因。

北美新闻学实践教育初探

周 烨 *

北美新闻学有着悠久的历史。在实用主义的影响下,为了让新闻学教育真正发挥它的功能,北美地区新闻从业者与高等学府教师之间一直存在着一些争论,包括记者是否必须经过大学教育、是否需要获得文学学位、是否需经历文学熏陶与实践培训等(Folkerts,2014)。这些争论是复杂的,甚至还带有一些政治色彩,在媒介技术发展日新月异的今天它仍然继续着。

首先,这种争论围绕大学新闻教育应该扮演的角色展开,被批判最多的是"产业与学术二分法"教育方式(Nolan,2008)。这种理念也是我国大学教育应用最多的新闻学教育模式,本科教育通常会有 3 年左右的理论教育时间,剩下 1 年左右的时间去媒体单位实习。不过,这种教育理念已到了更新换代的时刻了。"产业与学术二分法"理念在很长一段时间一直主导着许多国家的新闻学教育,新闻学课程设置、教师课堂教育和学生

* 周烨,浙江大学城市学院讲师,浙江大学传媒与国际文化学院博士研究生在读。

学习阶段分配都是围绕着这一理念建立和展开的。美国学界与业界关于这种新闻学教育理念存在许多争议。在此理念指导下,新闻学教育看似把理论教育与实践相结合,但由于教材陈旧、媒介实际发展与理论教育脱节、教师缺乏与时俱进的教学热情等,媒介实际需求与新闻学教育严重脱轨。Reese(1999)对美国传媒行业进行了调查,发现媒体对人才能力的要求已慢慢从新闻知识专业性与实践性这一二元对立中解放出来。美国传媒行业对提高文化产品生产效率的需求大大增加,致使其最大限度地减少了对员工专业知识培训的投资,它们需要毕业生能够直接就业,并且创造更多文化资本。因此,它们更希望高校新闻教育建立前瞻性的教育理念,在此基础上与高校合作 通过建立委派与资助机制参与和平衡学界的新闻教育,通过影响新闻学课程设置、开展项目合作等形式,使学生在正式踏入工作岗位之前,就已经接受与未来职业的实践需求和公共需求接轨的教育方式。这么做的目的很明确,即让学生在毕业之后能直接投入工作,这种观念正在重塑美国新闻学高等教育。

其次,这些争论持续关注新闻工作者整体素质的培育。高等学府承担着提供教育、为社会需求服务的责任,它不仅仅是一个为大学生提供各种教育资源的场所,承担传递知识和技能的职责,更塑造着学生的身份和思想;它不仅仅培养每个学生,更教育每一个个体成为一个"公共主体",为社会作出贡献;它不仅仅培养学生的专业性,更教育他们承担更多的社会责任。这种教育取向在一定程度上受到了"新自由主义"(neoliberalism,一种经济自由主义的复苏形式,自从1970年以来在国际经济政策中扮演着重要角色,它是一种政治经济哲学,反对国家对国内经济的干预)的影响,提倡个体的教化来自于市场上个体目标的追求,个体与市场互动是一个强有力的工具,为了实现自身的目标,学生会发自内心地更加努力、自律、审慎和准时。而高等学府在实施教育时,就应该让学生亲历这个过程,让他们成为能够活跃于市场的"公共主体",帮助他们实现自己的需求与目标。新闻学教育也不应例外,专业知识与技能固然重要,但是记者作为"公共主体"更应具备职业道德与职业情商。Carey(2000)针对美国新闻学教育指出,社会更需要新闻学教育培养出来的新闻工作者具有职业道德,老练、成熟、全面等。这种争论催化着高等学府内部诸多因素的改革,教师就是其中最重要的一个环节。Dates(2006)指出,教师应是此变革中承诺培养出"精英记者"的先锋。Reese 和 Cohen(2000)也指出,"高级记者"的培育需要一位专业的学者,他们需积极投身于新闻实践与媒介专业教育中,而他们的专业性与实践性会吸引业界与其进行项目合作,在项目运营过程中,进一步推进新闻实践教育的变革。可见,新闻教育中的教师或学者被赋予了更多的社会责任,不仅仅需要新闻学的专业性,更需要参与业界工作,对知识有感性和理性的认识,并把深层次的知识与教育理念教授给学生。另外,不同的高等学府在课程设置上,也或多或少地体现出了培养"公共主体"的方针与策略。

接下来,笔者将重点考察分别位于美国与加拿大的 3 所学校即密苏里大学、西蒙弗雷泽大学、哥伦比亚大学的新闻传播教育理念。这 3 所大学在数字技术革新变化的今天,依然保持着近百年的教育传统,并象征着独特的教育方式。

一、美国密苏里大学新闻学院

密苏里大学新闻学院(University of Missouri School of Journalism)

的前身是沃尔特·威廉姆斯新闻学院,它对自身的定位是"结合优秀的课堂学术教育和专业人员手把手的训练,取得与时俱进的成功"。2012 年,密苏里大学新闻学院本科生招生在专业范围之内提供了 32 个不同的方向,这些方向包括国际新闻学、三网融合之电视报道、紧急事件报道、网络编辑和传播策略研究等。这些方向看似为学生提供了一个选择未来职业的"大杂烩",但却细分了新闻学的各种分支,体现出了专业性。学院要求所有选课学生必须选择的核心课程是:美国新闻原则、跨文化新闻学、新闻学基础和多媒体基础。新闻学院在密苏里大学是由院长管理的独立单位,学院虽然一直保留着新闻学院这个名称,从不在学院名称中加入诸如"新闻传播学"等与传播学相关的词语,但它同样开设广告学等涉及传播学的专业。它的两年 MA 硕士课程细分了二十几个培养方向,包括国际新闻深度报道、全媒体记者和广告编辑等。硕士课程有很大的弹性,大多数时候让学生自主选课,唯一例外的是学生在硕士学习阶段必须选择一门"定量和定性研究"课程,这一点和英国新闻传播学院的做法是一致的。

密苏里大学新闻学院对自己的教育理念非常自豪,融合文科教育与"手把手"训练的新闻学教育方式也被他们称为"密苏里方式"。成立之初,新闻学院就出版了自己的报纸《密苏里人报》,这是一份真正的关于校园生活的日报。毫无疑问,它成了学生"手把手"新闻训练的方式之一。近些年,随着数字技术的进步与发展,学院建立的内容实践训练基地增多,逐渐从自办的纸质媒本转向自办的数字媒体:Columbia Missourian. com 是一个新闻门户网站,每天更新;MyMissourian. com 是一个公民新闻网站;Missourian Neighborhood News 是《密苏里人报》的网络版,是一个博客;Global Journalist 是一个集网络杂志、每周视频秀和播客于一体的平台。除此之外,学院还拥有 3 家广告公司,一家针对娱乐、艺术和后现代当地文化传播的杂志 *Vox*，以及一家针对本地电视观众的公共电视台。以上提及的这些新媒体与传统媒体部门，均招募来自密苏里大学新闻学院的学生进行日常的维护与运营，由教师指导，合作推出文化产品，制作文化内容，最重要的是，这些媒体实践平台还通过提供广告资源等形式，真正实现资本化运作，并且部门与平台对盈利具有自主支配权，从而真正成为落实"手把手"教学的实践基地。

二、加拿大西蒙弗雷泽大学
新闻传播、艺术与技术学院

加拿大与美国有着截然不同的新闻专业主义文化，西蒙弗雷泽大学新闻传播、艺术与技术学院（Simon Fraser University Faculty of Communication，Art and Technology）在新闻学教育方面与密苏里大学明显不同。它的新闻传播、艺术与技术学院在教育理念上偏重于从批判的、内省的角度看待媒介与技术的发展，从文科教育的角度服务于社会政治与经济。它不仅偏向于培养符合未来职业需求的学生，更注重培养具有媒介全局观的公共主体。它的课程设置强调对当代文化的批判研究，包括文化政策、全球化与社会正义、传播学理论、媒介与文化研究、政治学、技术与社会等方向。教学方面，学院将文化批判与社会现实相结合，学生可以选择的学习方向有媒介批判、新技术的影响与评估、媒介信息的本土化、国际环境研究、传播与文化政策、媒介的政治与经济学、国际媒介系统、文化与传播、全球化传播、媒介分析与制作、传播学研究设计与应用等，这些方向是针对那些对进一步认识大众传播有一定追求，今后立志成为媒介部门管理者或大学老师的学生所设计的。

在教学过程中,学生可以接受到较多深层次的文化理论熏陶,培养一种对现实的批判立场,学院对于学生论文质量的要求高于实践训练所完成的作业的要求。笔者于 2013 年 9 月到 2014 年 8 月访学于此学院,旁听了博士、硕士和本科生的课程,在听课过程中发现,批判的立场已经融入其教育的血液之中。在笔者亲身参与的"全球化与传播"课程中,选课学生通过理论关注现实的能力很强,已经可以借用全球化理论去批判当今的社会现象。而在 3 个课时的教学中,教授只讲 1 个课时,剩下的 2 个课时,1 个课时是由已分组的学生针对当今传播环境做陈述(presentation),1 个课时由全班包括教授在内针对此课堂陈述展开课堂讨论。在硕士生"媒介政治经济学"课程中,教学教授方式虽与本科生类似,但要求硕士生在课前阅读大量文献,通常教师会把 10 篇左右与此节课相关的论文发给学生,让他们在课前一周参阅,并写下读后感,每 4 次课完成 1 篇论文作业,学期结束时完成 1 篇 1.5 万字的大论文作业,课程学习强度可见一斑。在博士生课程"媒介批判研究"中,每一个博士生有 2~3 次课堂授课时间,所有的课堂内容均由博士生独立完成,教授在讲座后进行点评,这与国内博士生课程类似。

三、哥伦比亚大学新闻学院

在 2002 年,当博林格(Lee Bollinger)作为哥伦比亚大学校长上台时,他停止了学校在他上任之前就一直在招聘的新闻学院院长的工作,而把工作重心转向创办一个与时俱进的新闻学院。他指出:"我们生活在一个传播技术不断变迁和革新的时代,新闻传播学是研究和探索民主问题、市场问题、文化问题、全球化问题的中心学科,培养一个优秀的记者虽然是我们的首要目的,但是在这样的时代和这样伟大的大学之中,这个目标是不够的。"他进一步对专业性展开探讨,并认为"对新闻传播学人才的培养,应该让他们掌握专业知识的同时,学习更多跨专业的知识,为成为精英记者做好准备"。当此教学理念将落实到新闻传播学教学的实际工作中时,他总结了 5 个要点。

其一,把新闻自由性放在新闻传播学教学的首要位置。

其二,新闻实践教育应该前所未有地体现出专业性。

其三,新闻学院应当设定合适的课程,提高学生的研究能力,在伟大的大学里,合理的新闻学课程应该是全面的,并和学生未来媒体相关职业保持一定的距离。

其四,新闻学院内的教师和客座教授自身需要参与现实社会中的课题与项目,成为推动社会改革的精英,避免学术、教学工作与社会发展脱节。

其五,新闻学院教育理念应该与哥伦比亚大学教育理念衔接在一起,为并非新闻专业的学生提供知识的交流机会。

同一年,尼古拉斯·里恩曼(Nicholas Lemann)被指派为哥伦比亚大学新闻学院(Columbia Journalism School)的院长,这位来自《哈佛深红色日报》(*Harvard Crimson*)的首席执行官对新闻学教育有着独到的见解,他在发表于《自由教育》的文章中说:"教授学生未来即将从事职业的技能和知识会对他们未来的工作实践带来很大帮助,但是在未来很长一段时间中,他们将只能从事痛苦、枯燥、单一的工作。"他的观点其实和作为校长的博林格一致,那就是新闻学教育不应仅仅停留于专业知识的教育,真正成功的教育应该让学生掌握专业人才不具备的知识与能力。在他的理念指导下,经济学院、法学院、社会学院等学院的教授开设特定的课程加入到新闻学院教学工作中,新闻专业学生可以自由选修其他学院的课程。

四、结　语

毫无疑问,我们生活在一个传播技术不断革新的前所未有的时代,新闻学教育想要在这样的环境下发展,就必须深刻理解和洞察世界的发展。可是,在全球范围内,新闻学教育已经或多或少地忽略了这个正在极速发展的信息社会以及移动技术高度革新变化的时代。很少有新闻学院会重视与移动传播技术相关的新闻学知识或者与自媒体传播职业道德相关的教育,学生习得这些方面的知识,很大程度上来自于书本之外。所以,与其适应高速革新的传播技术,不如真正落实跨专业的基础教育,让学生掌握广泛的知识与能力,对世界本质进行探索,通过教育让他们以不变应万变。南加利福尼亚大学新闻传播学院院长兼传播学教授杰弗里·考恩(Geoffrey Cowan)在2014年的一次演讲中指出:"那些真正能够在不同平台中传播信息,能够适应不断革新的新技术和政治策略,不断感知全球市场变化的人,将会成为理解和实践新时代新闻传播学理念的领袖。"可以看出,数字时代新闻学教育的任务变得困难与繁重,并且充满了挑战性,它不仅应该建立"产业与学术"齐头并进,文科教育与实践相结合的密苏里式的教学理念,也应超越这一持续至今的争论,提出更富有时代意义的、更广泛的教育理念,为新闻传播事业提供更有效的引导。

参考文献

［1］Carey J W，Carey J W. Some personal notes on US journalism education ［J］. Journalism，2000，1(1)：12-23.

［2］Sbrooks B. Rethinking journalism education in a changing media environment[J]. Journal of International Communication，2006,4 (1)：95-112.

［3］Folkerts J. History of journalism education[J]. Journalism & Communication Monographs，2014，16(4)：227-299.

［4］Reese S D. The progressive potential of journalism education：Recasting the academic versus professional debate[J]. International Journal of Press/politics，1999，4(4)：70-94.

［5］Nolan D. Journalism，education and the formation of 'public subjects' ［J］. Journalism，2008，9(6)：733-749.

中英新闻教育浅述

——以谢菲尔德大学国际新闻专业为例*

郑　瑱**

近年来中国新闻业蓬勃发展，开设新闻学专业的高等院校已非常之多，中国新闻教育水平也随之提升，这是一个自我完善的过程。英国作为新闻教育大国，其优质的新闻专业教育在全球有口皆碑。

中英两国在文化、思想、政治制度等方面差异颇多，因此中英两国新闻教育的差异也是必然的。笔者以自己的亲身经历为例，比较中英两国的新闻教育，并论述英国谢菲尔德大学国际新闻专业的教育方式和特点。

本文主要讨论的是中英两国新闻教育的差异，最初它本应该是一篇严谨的学术论文，但是笔者翻阅很多文献之后发现其中的论点理论性太强，而笔者是一个在英国经历过一年学习生活的学生，在这一年中体会到中国与英国的教育形式、社会环境以及新闻环境有很大的不同，也许写出这一年的亲身经历和所思所想比直接搬出各种理论要实际一些。文章中会出现某些个人观点，但这并不表示两种教育形式有优劣、上下之分。这两种教育形式既然都各自存在了相当长的时间，那就有其合理性，用其中一个代替另外一个也是不现实的。——作者注

** 郑瑱，谢菲尔德大学（University of Sheffield）国际新闻专业硕士。

在比较两国新闻教育的差异之前,笔者首先概述两国教育理念和媒体环境,然后以叙述个人经历的形式来详细讲述笔者所感受到的英国新闻教育。

一、中英两国的教育模式

(一)中国的教育模式

中国作为一个拥有漫长历史的国家,受到传统儒家思想的影响数千年,因此儒学中以德服人、修身齐家、尊老爱幼等思想也融入了日常的教育中。长此以往,学生对上级、对长者以及对老师就产生了绝对服从的心理,甚至很少质疑老师所传授知识的正确性。此外,中国的应试教育从另一方面巩固了"服从"教育理念的势力。这种"服从"教育的表现形式有以下几个方面国。

其一,说教为主、实践为次。虽说实践为次,在不少学校教育中,实践活动几乎无处可寻。当然这不可完全归因于教育理念,因为相对于西方来说,中国的学生数量庞大,师资却一直紧缺。从客观条件来说,实践教育本身就很难实现。因此口述知识点就成了主要的教育形式,长此以往学生对老师就产生了盲目崇拜和依赖的心理。

其二是"标准答案"思维。就应试教育来说,每道题通常只有一种答案,而笔者个人的经验表明,长期下来学生会期待老师给予答案,学生对老师的依赖性很强。就标准答案来说,都有一定的规律性和一定的答题模式,这样学生进入大学学习后才意识到自身的思维方式已经受限,很难再发散思维。所谓创意设想,也因为长期的依赖性而变得懒于思考。也许有人会质疑,应试教育通常是因升学压力而产生,其集中表现应该是在小学、中学和高中,高等教育相对基础教育来说自由性更强,但笔者认为,12年左右的基础教育对一个人的心智和行为习惯的影响远甚于高等教育。

国内4年的本科学习,笔者的感受是,与中学的课程类似,但是更自由,课程选择也更多,不再是之前的数理化、语数外;上课也不像基础教育阶段那样集中,但是基本流程区别不是很大,有学校或者国家规定的教科书,听老师讲课,偶尔会有作业,有期中、期末考试。在国内,大学主要培养的还是学生的自主学习能力而较少培养学生的自主思考能力。

(二)英国的教育模式

与中国不同的是,英国教育关注的是如何让学生自己找到知识获取途径。这与中国"授人以鱼,不如授人以渔"的古话不谋而合。虽然英国的基础教育中也存在应试教育,但是其教育理念更开放,老师尊重每一个学生的想法并不时给予鼓励,让不同层次的学生都能学有所得,在自己擅长或喜欢的领域中有所发展。如小学教育阶段,教师不会单纯地灌输知识,而是激发学生兴趣,让学生主动去学习与思考。由此可以看出英国的教育注重保护学生的好奇心和探索未知的天性,这些早期的受教育经历必然也会影响学生大学时期的学习。

总体而言,英国高校研究生阶段的新闻教学模式分为4块。(1)讲座(lectures),一般由教师或教授讲解专业知识和理论,也会涉及最近的学术发展,与国内大专院校的"上大课"相似。学生没有指定课本,具体上课内容由教师来定,教师会结合自身经验来授课。但是教师也会在每个学

期开始前给学生列阅读书单,让学生在上课前对所学课程有大致的了解;
(2)小班指导(tutorials),每个班大约 10 人,通常由本专业的博士来指导,
由他们为学生就最新的讲座进行答疑解惑,并对之后的小论文和毕业论
文进行部分指导;(3)展示(presentation),由学生展示部分课程的学习成
果,有的课程会将展示环节纳入考核,新闻学专业一般与交流沟通(com-
munication)相关的课程会设有展示环节;(4)论文(essay),与国内没有太
大区别,通常课程导师会提供多个话题供学生选择与发挥。

二、中英两国新闻教育发展历程

任何事物的发展都不是一蹴而就的,因此在分析中英两国高校新闻
教育差异之前,理清两国新闻教育的历史脉络十分必要,一是有助于剖析
两者深层次的特点,二是可以找出造成两国新闻教育差异的个中原因。

(一)中国新闻教育发展历程

就中国而言,新闻教育的历史与国家的发展历程有着千丝万缕的联
系。中国新闻教育的转型和改革也是伴随着社会转型和技术突进而进行
的。大致说来,中国新闻教育经历了三个阶段,即从借鉴美国模式到培养
"又专又红"的政治素质过硬的新闻宣传者,再到如今的实践性和实用性
较强的新闻教育之路(朱清河,2011)。

1978 年"拨乱反正"之后,新闻教学也开始逐渐恢复和发展起来。

1983 年,中宣部和教育部在北京召开了第一次全国新闻教育工作座
谈会,总结经验并为日后的新闻学教育发展方向指明了道路,这是一次新

闻教育史上的思想解放运动。在此之后,中宣部和教育部在《关于加强新闻教育工作的意见的通知》中明确提出加速新闻教育的发展,培养新闻干部和提高教学质量等。在此文件的作用下,各高校开始试办新闻学的第二学位制。

20世纪90年代,为了防上新闻学被商业化力量侵蚀,教育部成立了新闻学学科教学指导委员会。1997年,该委员会在《授予博士、硕士学位和培养研究生的学科专业目录》中将新闻学从二级学科调整为一级学科(赵玉明、庞亮,2008)。

经过30多年的发展,中国的新闻学教育规模迅速扩大,开设新闻专业的院校从1994年的66个上升到2008年的700多个。此外,我国新闻系专业学生的学历层次也在不断提高,新闻学专业初创时期以本科生为主体,2008年我国新闻学专业的研究生人数已是1998年的11倍多。新闻学专业内部也开始不断细化,分别设立了杂志、报纸、广播等多个分支学科。

可以看出,我国的新闻学教育受政治因素的影响显著,同时又具有实践性和应用性。高校的新闻学专业从创立到改革再到发展,其航向是由国家主导的。

(二)英国新闻教育发展历程

英国的新闻业起步十分早,可以说是西方新闻事业的发祥地,其在世界新闻业中的地位不可小觑,但由于英国业界相信优秀的新闻记者来源于实践,因此英国的新闻教育起步便相对较晚,比美国开设新闻学课程足足晚了11年。直到1919年,新闻学教育课程才真正在伦敦开设。20年之后又停办,再次设置新闻课程则是在1970年(Herbert,2000)。

起初,英国新闻界普遍持有的看法是:在英国,一名记者的炼成不是靠学习而是靠实践。20 世纪 60 年代之前,英国记者的培养都是从小的报纸开始,从学徒开始,逐渐自成体系(陈俊峰,2012)。60 年代时,媒体开始招收大学生。大学也会对记者进行培训并提供新闻学文凭。20 世纪 70 年代后,这种思想渐渐产生了变化,新闻教育开始融入大学教育中,并开设了新闻专业研究生课程,其原因是研究生的课程只需修读一年,而人们普遍认为新闻学不需要耗费 3～4 年的本科来修读,并且新闻专业本科背景的学生竞争力很弱,所以他们更倾向于在本科攻读其他专业。英国最早设置新闻学研究生课程的是伦敦城市大学和卡迪夫大学。

如今,英国高校的新闻教育依然采用实践教育为主的方法,旨在培养学生独立写作以及撰写即时新闻稿件的能力(陈俊峰,2012)。因此,英国的新闻教育模式被称为学徒制。研究生阶段的课程在一年内完成,课程的设置主要有三个方向:一是新闻专业课,即专业必修课,如报纸、电视、广播方面的采编、剪辑等实务课程;二是专业基础课,可称为选修课,囊括了新闻史、新闻法、媒体与社会、政府与媒体关系等课程;三是实践类课程。

由英国新闻学教育发展的脉络可以看出,大学对专业的设置是独立于政府之外的,在大学新闻教育的发展过程中,学校是通过社会对人才的需要而逐步设置和发展各专业的。

从中英两国教育理念和新闻教育发展脉络的对照中可以看出,中英新闻教育的差异其实是必然的,政府是重要的因素之一,其作用有利有弊。在政府的指导下,高校可以更快、更稳定地步入课程发展的轨道中,省去了观察市场、为了市场发展而做出调整的时间。但高校的很多决策和课程设置在一定程度上是受限的,这可能会制约新闻自由的发展。

三、英式新闻教育浅述

英国高校大多开设了传媒专业,传媒专业又可细分为以下类别:新闻类,即传统新闻专业与网络新闻方向;营销广告类,即广告、市场营销与策划方向;大众传媒类,即公共关系方向;媒体发布类,即媒体产品、电影与媒体方向;创作表演类,即导演、脚本写作和编辑等方向。

莱斯特大学、谢菲尔德大学、利兹大学、华威大学、伦敦大学国王学院以及伦敦政治与经济学院的传媒专业声望较高,并且各有侧重,比如华威大学侧重研究媒体经营、媒体与商界关系。由于本文讨论的是传统新闻专业,而谢菲尔德大学是英国传统新闻学教育的翘楚,因此下文将以谢菲尔德大学为例浅析英国新闻专业的特点。

(一)服务意识

在英国学习的整个过程中,笔者最先体会到的是教师的服务意识,这可能跟西方的"你付钱,我服务"理念有关。这一点跟中国大不相同,在国内,学生首先要尊重老师,老师与学生甚至是长辈与晚辈的关系,学生对老师存在敬畏感;另外,学校与学生是一种严格的管理者与被管理者的关系。在英国,学生和老师的第一层关系是买卖关系,老师"卖"知识,学生"买"知识;在课外,师生更多的是朋友关系。对于学生的课外问题,老师扮演的是一个帮助者的角色。

此外,学校会以各种方式告诉学生他们所能提供的一切帮助,在入学之时学校会举办各种讲座告诉学生所有可以寻求帮助的渠道,包括租房、申请签证、提高语言水平、写论文、检查论文等。这里可能会有人疑惑，都已经是研究生了为何学校还要教导怎么写论文？这一点在以下关于论文的写作中会提到，其实这很重要，尤其是对初来乍到的中国学生来说。此外，每个学生都会配备一个生活导师，学生可以向生活导师咨询各种问题，包括学习上和生活上的，这对国际学生十分有帮助。

（二）课程设置及安排

目前，谢菲尔德大学新闻学研究生有 6 个专业方向：国际新闻（global journalism）、广播新闻（broadcast journalism）、国际政治关系（international political communication）、杂志新闻（magazine journalism）、出版新闻（print journalism）和科学关系研究（science communication）。

研究生课程通常从 9 月开始，到次年 6 月结束，也就是春季学期和秋季学期。对于国际新闻专业来说，专业核心课程是国际新闻（global journalism）和新闻全球化（journalism globalization）。此外还有选修课程，如新闻写作（writing for media）、英国新闻史（journalism in Britain）、新闻与社会（news and civil society）、媒体与公共关系（communicating with the media）等。但其实除了毕业论文占 60 个学分以外，无论必修课还是选修课，都是 15 个学分，因此从某种程度上来说，只要是学生选定的课程，就都是同等重要的，不分主次。部分选修课新闻学院学生都可以选择，另一部分则是新闻学院其他专业的必修课。因此学生可以根据自己的兴趣爱好学习不同的专业知识。

在每学期开课之前，校方都会尽全力告知学生每门课在本学期的详细内容，几乎每门课都会有课程大纲，里面包括授课教师的联系方式、考试形式、考试时间、考试要求以及每节课的主题。也就是说，在开学之前授课老师就已经安排甚至准备好了一学期的课堂内容。

另外，新闻专业所有课程都没有固定的教科书，其内容由授课老师自主决定，有些资历深的教授则会将自己的研究和所著书籍作为课堂内容。通常每门课一周内只设置一堂讲座（lecture，其实就等同于国内的课堂），由教师讲授新的内容，这时所有该课程的学生会聚集在一个教室里。而每次讲座之后都会有一个讨论会（seminar）。讲课快要结束时，授课教师会问在座学生对本堂课程有无任何疑问，可能是受气氛的感染，一贯内敛的中国学生在这时也会踊跃说出自己的困惑。课程结束后，学生会被分进若干个小课堂，每一个小课堂通常在 10 人以内，由助理教师引导，一起探讨最新的讲座内容，或者是答疑解惑。在讨论中有任何疑惑，抑或发现授课者的错误之处，可在次周反馈给授课教师。这种小课堂形式的教学给学生提供了充足的时间吸收和咀嚼新的知识，并学会独立思考，可以说这是一个知识再加工的过程。由此可以看出，英国高校的教育十分关注学生的想法和自主思考的能力。

（三）新闻写作教育

在新闻学习中，至关重要的就是新闻写作。不论在英国还是在中国，新闻写作课首先都会强调新闻的几个性质，如时新性、重要性等来判断一个事件是否可以成为新闻，同时也都会强调 5 个"W"、1 个"H"的重要性。西方的新闻写作方式与国内写作方式完全不同，好的稿件往往要迅速吸引读者阅读，因此六要素和性质固然重要，但都不会被重点强调，真正被重点强调的是新闻角度（news angle）。新闻角度简而言之就是一则新闻中最能引人注意的新闻点，通常新闻角度是新闻的开头，无须包括新闻六要素，但内容越能引起轰动越好。在新闻写作的练习中，新闻角度的写作训练占据了学生大部分的时间,考试时新闻角度在整篇新闻稿中也占据了很大比列。

新闻写作的考试方式分为两种:其一,学生用一周的时间观察自己身边发生的事情,找到新闻点,完成一篇新闻稿件;其二,老师提供一篇故事,学生找到故事的新闻性,完成一篇稿件。显而易见,两种考试方式中新闻角度都是重点的考核对象,学生如果新闻第一段也就是新闻角度选得不好,甚至会被教师直接判作不及格。

(四)合作教育

众所周知,在新闻工作中尤其是发生较大的新闻事件时,新闻制作无法通过一个人的力量单独完成,合作的重要性由此凸显。谢菲尔德大学新闻学院研究生的作业有时需要通过小组合作的形式完成,其表现形式有两种:其一,合作完成一篇论文,从选题、搜集资料到写作再到最后的论文整合,都需要小组合力完成,小组组员的最终得分必须一样;其二,策划活动,活动没有规定主题,完全由小组成员共同思考以确定活动主题、活动时间、宣传口号以及活动标志等细节,之后各自完成一份新闻公告(press release),教师根据质量分别打分;最后是小组呈现,这一环节由小组共同完成,因此给分一致。教师通常会在课程开始的前几周就将作业布置给学生,之后学生需要每周见面讨论并在之后的讨论会中向讨论会成员和助理教师汇报进展。为了方便操作,一个小组的成员都会在同一个讨论会里。为了防止某些学生过于依赖其他成员,小组成员中的每个人都要在论文完成之后写下自己参与的部分以及对其他成员的评价。

(五)实践教育

英国高校对于新闻专业研究生的培养侧重于理论研究,但学校并没有忽略对学生实践能力的培养。

学校经常会邀请业界工作者和学者到校演讲,如 BBC 体育新闻记者、报纸主编以及其他国家的新闻学者。几乎每周二下午都有讲座,当然也向本科生开放。学校甚至专门为国际新闻专业的学生举办了一次"讲座周",邀请来自西班牙、希腊、加拿大等国的新闻学者前来演讲,并鼓励学生在讲座之后采访演讲者。这是一个思想交流与碰撞的过程,使学生对国际新闻学界的研究有更加清晰的认识,同时也能了解各国新闻业发展状况。

学校先后两次组织学生参观英国的新闻机构。一次是参观位于曼彻斯特的 BBC 新闻城,主要参观了 BBC 的体育频道、少儿频道、早间新闻频道以及戏剧场景间。学生们了解了每个频道制作、播出新闻的过程,学习制作戏剧中的不同声效,最后体验了一次虚拟播报早间新闻。第二次是分批前往伦敦各大新闻社,如路透社、金融时报。

此外,学校还组织学生参观新闻制作现场,这是一次深入了解新闻制作的实践过程,课程主要包括手机媒介新闻写作、电视视频制作、科技新闻写作和广播新闻播报等,学生在老师的指导下真实地参与这些新闻过程,并完成新闻作品。值得一提的是,这些实践课程的教师并非本校教师,而是学校从业界请来的,他们工作在各个新闻岗位上,这一做法使实践课程更具专业性、前沿性。

(六)课程考核

英国新闻专业所有课程的考核形式基本一致,也就是写论文,但是论文写作的具体要求与国内是不同的,这一点从教师给分标准中可以看出来。国内教师给分比较主观,英国高校则有一套评分标准供教师参考,论文的最终得分是所有细分标准的得分的总和或总和的平均数。以一门课程的一篇评论文章(critical review)为例,文章的要求是针对一篇相关的学术论文写出自己的辩证看法,教师评判这一作业的标准有以下几个方面:对原论文中心思想的概述是否简单清晰(concise over view of the article);是否完全了解原论文讲述的内容(the article has been well understood);文章结构是否清晰(structure of review);辩论观点是否清晰(argument of the review is clear);辩论是否有深度、分析是否有力度(depth of argument and analysis in the review is robust);论据是否足够充实(your argument is substantiated)。以上每一项都分极好(excellent)、相当好(very good)、好(good)、基本达标(satisfactory)和差(poor)这 5 个级次。

有时课程教师会将他们的评分标准提前告诉学生,以便让学生在写作时确保自己的内容符合标准。同时,明确的评分标准也使教师打分更加规范化。教师在打分之后会给每个学生一个作业反馈表,有了这个明确的评分标准,学生可以更清楚自己的作业有哪些欠缺之处,又有哪些需要改正。当然,教师的反馈中不仅仅有以上这些标准的得分,在表格下方还会有教师的评语,其中包括一些肯定性评价,教师也会在其中指明文章有哪些地方需要加强。上面的评分标准虽然只是一门课程的评分标准,但清晰的辩证观点、一定的辩证深度和分析力度以及充实的论据这几项要求是大多数课程共有的。每写完一篇论文,学生都会对自己的研究内容有更加深入的认识,并能形成自己的观点。由此可以看出,英国教师注重培养学生的独立思考能力,这对新闻专业的学生尤其重要。与此同时,英国教师不希望看到学生的研究的是大而宽泛的主题,他们希望学生呈现的是研究切口小但有深度的作品。笔者时常有听到当地学生说,中国学生的论文看上去很像 Wikipedia,内容宽泛,看上去好像说了很多,但仔细一琢磨,其实就是介绍大体情况却没有深入研究。

四、结 语

英国作为新闻教育发达之国,其新闻教育必有可资借鉴之处,因此本文的目的并非在中国新闻教育和英国新闻教育之中论出一个高下,而主要是为了介绍一些优秀的教育方法。英国新闻教育的特色其实很容易归纳:学生为上、自主思考、辩证看待、实践辅助、谨慎研究。英式教育中强调学生自主学习、辩证思考、谨慎研究的学术之风确实值得一学。中国教育中时常强调创新,可见创新能力的重要性。纵观国内红极一时的综艺节目如《爸爸去哪儿》《中国好声音》《奔跑吧,兄弟》等,其原始版权都来自国外,中国的新闻教育需要注入一股创新的力量来实现传媒行业的转型与升级。

参考文献

[1] 陈俊峰.学徒制影响下的学院制:英国大学新闻教育研究[D].武汉:华中科技大学,2012.

[2] 朱清河.市场化趋势下高校新闻教育改革价值取向的反思[J].国际新闻界,2011(8):6—12.

[3] 赵玉明,庞亮.三十年间两大跨越——改革开放以来从传统新闻教育到新闻传播学教育的发展[J].新闻史研究,2008(9):79—85.

[4] Akhavan-Majid R. Mass media reform in China:Toward a new analytical framework[J]. Gazette,2004,66(6):553-565.

［5］Hallin D C，Mancini P. Comparing Media Systems：Three Models of Media and Politics［M］. Cambridge：Cambridge University Press，2004.

［6］Hallin D C，Mancini P. Comparing Media Systems：Beyond the Western World［M］. Cambridge：Cambridge University Press，2011.

［7］Herbert J. The changing face of journalism education in the UK［J］. Asiapacific Mediaeducator，2000，(8).

［8］Latham K. Media，the Olympics and the search for the "real China"［J］. China Quarterly，2009，(197)：25-43.

［9］Mcnair B. News and Journalism in the UK［M］. Oxon：Routledge，2003.

［10］Gary，Ming-Yeh. Political Communications in Greater China：The Construction and Reflection of Identity［M］. London：Routledge Curzon，2003.

中美新闻学硕士教育比较研究

汪　汇 *

　　随着传播技术的发展，我国传媒行业正发生着巨大的变革。对于新闻教育来说，这是一个机遇，同时也是一个挑战。我国新闻教育事业一直在探索和发展，而新闻学硕士教育起步较晚，存在人才知识结构单一、应用型人才匮乏等问题。从 2011 年开始，全国 48 所高校开设了区别于学术型硕士的新闻与传播学硕士专业学位，以培养应用型高层次专门人才。而美国新闻学专业经过近百年的发展，至今已形成完整的新闻教育体系，成为国际公认的典范。

　　本文选取了中美两国新闻教育领域的典型代表——复旦大学新闻学院和美国哥伦比亚大学新闻学院，以这两所学校的新闻学院为例，从培养专业、课程设置、国际合作、实习就业、师资力量等方面进行比较分析。

　　本文通过采访在美国高校就读的新闻学研究生，了解他们对美国硕士阶段新闻教育的切身感受，并通过对中美两国硕士阶段新闻学教育的比较

　　* 汪汇，新华社上海分社记者，浙江大学传媒与国际文化学院硕士。

研究,总结和借鉴对方的优势,以启发我国新闻领域高层次人才的培养。

一、中美新闻学硕士教育比较研究

(一)培养专业

1.复旦大学

复旦大学新闻学院硕士研究生教育借助学院学科优势和复旦大学作为综合性大学的优势,形成了"淡化系别,融合专业"的教学特点,强调各专业之间的联系,多学科兼收并蓄。新闻学院教师教学理念先进、研究领域宽广,重视提高学生的综合素质。目前新闻学院硕士研究生专业有6个(含新闻与传播专业学位),分别为:新闻学、传播学、广播电视学、广告学、媒介管理学、新闻与传播(专业学位)。具体研究方向与培养目标如表1所示。

表1 复旦大学新闻学院硕士研究生专业

专业名称	研究方向	培养目标
新闻学	①理论新闻学 ②中外新闻史 ③应用新闻学	培养能独立从事新闻学研究和新闻采编实务工作的高层次人才
传播学	①中外传播思想与观念 ②受众研究 ③新传播技术研究 ④国际传播 ⑤编辑出版	培养熟悉各种传播活动、掌握传播专业知识和技能以及编辑出版技能的高层次人才

续　表

专业名称	研究方向	培养目标
广告学	①广告学 ②公共关系学	培养具有国际化视野的营销传播的策划、应用和管理等高级人才;要求能够独立从事广告、公共关系等行业的专业运作,具备一定的理论研究能力
广播电视学	①广播电视新闻 ②广播电视艺术 ③广播电视经营管理	培养能独立从事广播电视艺术学理论研究和教学工作,以及能胜任大众传媒、影视制作等工作的高层次人才
媒介管理学	①媒介管理 ②媒介经营	培养中高级媒体管理人才、高层次研究人才、相关管理部门的工作人才
新闻与传播 (专业学位)	①新闻与传播 ②新闻与传播(财经新闻方向)	培养应用型高层次人才

2.哥伦比亚大学

哥伦比亚大学新闻研究生院旨在教育和培训来自全世界的学生,使他们成为有所作为的专业记者。

学生在此接受的是独一无二的自我引导式的教育。因此,学院强调学生要依靠自己的智慧、努力与创造力来解决记者们经常面临的问题。学院鼓励学生报道各个方面的内容,因此,几乎从一入学起学生就要做好发现与报道新闻的准备。

哥伦比亚大学新闻学院只招收研究生。学院共设 4 个专业方向:报纸、广播电视、杂志、数字媒体。学校可授予新闻学硕士学位和传播学博士学位。另外,学院还开设了新闻学与计算机科学、新闻学与法学等双学位课程。

(二)课程设置

1.复旦大学新闻学院硕士研究生课程

表2、表3、表4分别列出了复旦大学新闻学院硕士学位基础课程、硕士学位专业课程、硕士学位选修课程。

表2 复旦大学新闻学院硕士学位基础课程

课程名称	学分	适用专业
传播学研究方法	2	新闻传播学各专业
马克思主义新闻思想	2	新闻传播学各专业
当代新闻史论研究	2	新闻传播学各专业

表3 复旦大学新闻学院硕士学位专业课程

课程名称	学分	适用专业
新闻实务	3	新闻学
中国新闻思想史	2	新闻学
传播学研究	3	传播学
网络传播	2	传播学
营销传播	3	广告学
消费者行为	2	广告学
营销传播	3	公共关系学
公共关系研究	2	公共关系学
当代书刊出版研究	3	编辑出版
当代报纸研究	2	编辑出版
广电产业与节目策略	3	广播电视学
广播电视专题研究	2	广播电视学
外国传媒经营管理研究	3	媒介管理学
媒介经营与管理	2	媒介管理学
广播电视艺术学	3	广播电视艺术学
广电产业与节目策略	2	广播电视艺术学

表4 复旦大学新闻学院硕士学位选修课程

课程名称	学分	适用专业
媒介政策与法规	2	新闻传播学各专业
大众传媒与大众文化	2	新闻传播学各专业
纪录片研究	2	新闻传播学各专业
新闻名家名作赏析	2	新闻传播学各专业
组织传播理论研究与方法	2	新闻传播学各专业
人际传播	2	新闻传播学各专业
国际传播与跨文化传播	2	新闻传播学各专业
现代评论	2	新闻传播学各专业
大众传播与当代社会	2	新闻传播学各专业
媒介市场策划与产品经营	2	新闻传播学各专业
IMC 战略管理	2	新闻传播学各专业
传播新技术	2	新闻传播学各专业
中国传统文化传播研究	2	新闻传播学各专业
中外传媒产业政策比较研究	2	新闻传播学各专业

2.哥伦比亚大学新闻学院硕士研究生课程

(1)理学硕士(master ci science)

理学硕士要学习如何批判性地思考。有经验的记者将是学生的导师,对分配给学生的任务提共一对一的指导。

新闻教育课程包括4周的数字化培训和7周的报道方法学习,例如收集和评估信息、采访受众、写一篇引人入胜的故事等。

学生还需要4门短期课程:法律、商业、伦理和历史。

毕业之前,所有硕士研究生要在3个模块中选一门课。这3个模块分别是:文字(新闻、人物写作、特写);图像和声音(视频、音频、摄影和数据可视化);观众和参与(社交媒体课程和数字新闻设计课程)。

理学硕士有3个专业领域可选择:

一是数据新闻,包括两个学期的数据和计算方面的严格训练。

二是调查性新闻报道,两个学期共选出 15 名学生学习调查性新闻报道的技术和方法。

三是纪录片,在第三学期开设,旨在培养学生成为独立的电影制片人和导演。

该项目将考查学生研究、收集和整理大量资料的能力,并培养学生以一种明确和专业的方式来呈现这些资料。

(2)文学硕士(master of arts)

文学硕士需要具备学科领域专业知识,能解决复杂的公共问题。这个项目专门为有 3～15 年专业经验的新闻工作者开设。

课程安排方面,有研究生研讨会、硕士论文写作、证据和推理课程、文学学士必修课及非本专业课程。

研讨会在春季和秋季学期举行,涉及主题包括艺术与文化、科学、健康、环境、商业、政治等,是硕士学位最重要的课程之一,采取课程阅读、案例研究、访问专家等形式,由哥伦比亚大学新闻学院的教师和学科领域的专家授课。

硕士论文写作旨在给学生机会去深度探讨社会话题,最终的成果是一篇新闻作品(8000～10000 字)或其他形式的成果。

文学硕士必修课旨在培养学生具备记者所必需的知识和技能。每个硕士生可以选择 3 门新闻学以外的课程,可以报名参加哥伦比亚大学几乎所有的研究生课程,以及其他学校的课程,从而加深对所研究领域的理解。每个学生的个性化课程选择由教师批准。

(三)国际合作

1.复旦大学

复旦大学新闻学院历来重视对外交流和国际化工作,积累了丰富的海外资源。迄今已与美国哥伦比亚大学新闻学院、密苏里大学新闻学院、英国伦敦政经学院(LSE)、金史密斯学院、弗吉尼亚联邦大学(VCU)、奥地利维也纳大学、萨尔斯堡大学、日本早稻田大学、东京大学、新加坡南洋理工大学等40多个国家和地区的一流院系建立了人员交流和项目合作关系。目前已经成功开设了全球媒介与传播专业双硕士学位项目,面向全球招生。

硕士阶段的国际交流项目主要有:复旦—伦敦政治经济学院双学位项目、VCU战略公关双硕士学位项目、悉尼大学人文学院健康传播双硕士学位项目等。

2.哥伦比亚大学

除了在哥伦比亚大学的几个双学位项目之外,新闻学院还推出了两种国际合作方案。合作伙伴巴黎政治学院和威特沃特斯兰德大学允许哥伦比亚新闻专业学生通过在两地的学习获得双学位。

(四)实习就业

1.复旦大学

2001年,复旦大学与上海市委宣传部签约,在全国首创以"部校共建"模式推进新闻教育教学改革。上海市委宣传部对复旦大学新闻学院学生的专业实践给予了大力支持,新闻出版管理部门每年协调各新闻单位做好新闻学院学生实习安排工作,从落实实习单位到分派带教记者,从实习科目要求到实习鉴定,形成了一系列制度化的做法。例如,复旦新闻学院全部的本科生、研究生,均可前往当时的解放报业集团、文汇新民联合报业集团和上海广播电视台实习;中央媒体如人民日报上海分社、新华社上海分社、中新社上海分社也为学生敞开实习大门。

新闻学院研究生就业率多年保持在 99% 以上,多前往主流新闻单位和企事业单位的市场或公共关系部门。

复旦大学新闻学院设有新闻学院生涯发展办公室。辅导员定期会给学生发送一些求职信息。新闻学院通过举行毕业研究生求职经验交流会等活动,让已经毕业的研究生与在校学生交流找工作的经验。此外,学生还可以通过校园内举办的招聘会和宣讲会了解就业资讯。

2. 哥伦比亚大学

为了让学生在就业市场更有竞争力,职业服务中心为学生提供很多服务,包括个人职业辅导、丰富的在线资源、招聘人员互访、举办招聘会等。

哥伦比亚大学新闻学院通过举办招聘会,为求职的学生和招聘单位提供交流平台。2015 年举办的招聘会有 144 家企业和近 300 家招聘单位出席,是哥伦比亚大学历史上规模最大的一次,有较多编辑、制片人、记者和人力资源专员参与并面试新闻学院的求职学生。

(五)师资力量

1. 复旦大学

新闻学院现有全职教职工 78 人,其中教授 20 人(博士生导师 18 人)、副教授 21 人、讲师 13 人,还聘请了一批学问精湛、经验丰富的知名专家和学者为兼职教授和兼职研究员,并聘请外籍专家担任顾问教授。

部分专业的研究生教育采用学界与业界培养相结合的"双导师制"。

新闻学院历史悠久,学术积淀深厚,拥有一批全国知名的学科领军人物和富有科研潜力的中青年学术骨干。其中有国务院新闻传播学科评议组召集人 1 名、教育部新闻传播学科教学指导委员会主任 1 名、中国新闻教育学会副会长 1 名、中国新闻史学会副会长 2 名,中国高校影视学会常务副会长 1 名,中国广告学会副会长、学术委员会副主任 1 名。

2.哥伦比亚大学

哥伦比亚大学新闻研究院现有全职教师 36 名,其中教授占到近 7 成,荣休教授 7 名。此外还聘请了大量学识渊博、经验丰富的兼职教授。教师的研究领域涉及数字媒体、国际事务、新闻摄影、宗教、道德、教育等。

二、中美新闻学硕士新专业比较研究

随着新媒体传播的发展,复旦大学新闻学院新开设了全新的专业硕士学位项目。而哥伦比亚大学也设有新闻学与计算机科学双学位硕士项目。现将两者进行比较研究。

(一)培养目标

1.复旦大学

复旦大学新闻学院新媒体传播专业硕士项目(MA program of new media communication)是在新媒体传播迅猛发展的时代背景下,由复旦大学新闻学院自 2013 年起开设的全新的专业硕士学位项目。

该项目目前实行"3+3"推免本硕衔接培养模式,致力于培养能适应新技术传播发展变化,具有多学科交叉视野,深刻把握新媒体传播实践变动的高层次、复合型、应用型人才。

2.哥伦比亚大学

哥伦比亚大学新闻学与计算机科学双学位硕士项目的学生将在数字环境中接受高度专业化的培训,使他们能够学习编辑技巧,包括新闻采集和数字媒体制作的各个方面。该项目的目标是让学生能在一个快速变化的数字媒体环境中重新定义新闻业。该项目旨在培养数据挖掘专家、在线编辑、网页设计师、大型新闻机构的信息技术经理等。

(二)课程设置

1.复旦大学

增设了技术和编程类课程,如新媒体技术基础、新媒体应用编程;增设了媒体融合类业务课程,如全媒体内容生产、数据新闻与可视化;增设了数据挖掘与分析类课程,如网络数据挖掘、新媒体用户行为分析等。

2.哥伦比亚大学

新闻学方面的课程包括法律新闻、商业新闻、新闻伦理、新闻史、新闻写作等课程。

计算机方面的课程包括数据库介绍、编程语言和翻译、用户界面设计、人工智能等。

(三)实践教育

复旦大学新闻学院新媒体传播专业硕士项目目前有如下几种实践教育形式:一是前沿讲座,现在已经举办了二十几场,邀请的都是业界相关领域的专家,主题包括"新媒体用户行为挖掘及其应用""澎湃新闻的用户运营""财新的数据新闻与可视化实践"等;二是到业界参访,如目前已访问了澎湃新闻、阿里集团、腾讯公司等;三是利用暑假到纽约城市大学进行为期2周的访学。

此外,微信公众号"复旦新媒体"由复旦新媒体硕士研究生在运营。学生还会参与学院的一些工作,比如学院现在在建设上海新媒体实验中心,新媒体专业的学生也参与前期的国内外情况研究并汇聚成报告供学院参考;学院正在做一个有关实习资源的 APP,主要研发人员也都是新媒体专业的学生。

三、中美新闻学教育互鉴

(一)优化课程设置,设立个性化培养方案

目前,我国新闻学院硕士研究生在课程学习方面,主要分为必修课程和选修课程两大类。其中必修课程所占比例较大,学生自主选课的空间相对较小。建议新闻学院扩大硕士生选课的范围,培养硕士生在其他专业领域的技能,拓展视野,解决部分硕士生知识结构单一的困境。

在培养方案的设置方面,可以根据学生的特点进行规划和安排。例如美国德克萨斯大学奥斯汀分校传播学院博士研究生阶段学生的培养方案就是独一无二的。培养方案主要由学生和自己的导师制定,导师主要把握一个大的方向,学生的自主权相对更大一些。

(二)加强社会实践,积极参与市场化媒体运作

目前,我国多数院校的新闻学院都建立了实习机制,有些学校还把社

会实践作为实践课程纳入考核内容。在校内,学校也积极为学生提供新闻实践的平台,比如校报、校广播台、校园通讯社等,但是由于平台受众的单一性(以校内学生和教师为主),平台的运作与市场化媒体的运作仍有一定的差距。而美国的一些校园媒体则更能与市场接轨,例如美国德克萨斯大学奥斯汀分校的校园报纸是全市发行的,全市每个公车车站旁的邮箱都提供免费阅览的校园报纸。

(三)设立多元化的评价体系

我国对新闻学专业硕士生的考核主要以考试和论文为主,而美国新闻学院的考核形式更为多元,例如哥伦比亚大学硕士毕业生可以用有深度的传统媒体报道或时长 30 分钟的电视深度报道节目作为成果参与毕业论文的考核。建议我国新闻学院根据学生不同的培养方向,设计不同的考核方式,例如增加调查报告、项目成果等形式,以达到科学客观考核学生的目的。

(四)聘请业界教师参与教育教学

新闻学是实践性很强的学科,有的教师虽然具有高学历,但是缺乏社会实践的经验,在教学中往往停留于课本内容。而新闻单位一些有经验的记者、编辑和专家等参与教学正好可以弥补这方面的不足,让学生对新闻工作有更全面的认识。目前,复旦大学新闻学院硕士阶段的部分专业已采取了"双导师制"(学界导师和业界导师共同指导学生的学习),邀请业界专家进行"前沿讲座",这是对新闻教育的有益探索。

参考文献

［1］陈昌凤.中美新闻教育（传承与流变）［M］.北京：中国广播电视出版社,2006.

［2］蔡雯,周欣枫.美国新闻教育改革的经典个案（上）——对美国哥伦比亚大学新闻学院的调研报告［J］.国际新闻界,2005(5):45—50.

［3］方汉奇.《中美新闻教育传承与流变》:一部重视现实研究的学术专著［J］.新闻与写作 2006(6):34.

［4］童兵.比较新闻传播学［M］.北京：中国人民大学出版社,2002.

［5］臧铯.中美新闻教育的差异性［J］.新闻实践,2006(9):63.

［6］黄鹂.美国新闻教育研究现状［J］.新闻大学,2004(1):50—52.

［7］赵振宇.新闻专业研究生教学如何以实践为导向［J］.现代传播,2009(6):122—124.

［8］张明宇.新闻教育希望之光——中美新闻教育比较论析［J］.新闻知识,2005(12):53—55.

［9］复旦大学新闻学院官网:http://www.xwxy.fudan.edu.cn/。

［10］哥伦比亚大学新闻学院官网:http://www.journalism.columbia.edu/。

美国新闻专业教育特点及启示

——以哥伦比亚大学和密苏里大学为例

林露涵*

  自 1908 年沃尔特·威廉姆斯(Walter Williams)在密苏里大学(Missouri University)建立了世界上第一所新闻学院以来,美国的新闻专业教育已有百年历史。美国新闻教育包括报纸杂志、广播电视等媒体的新闻采编,摄影摄像、广告与策略传播、媒体管理等各类专业领域。如今,随着媒体资源整合进程的加快,传播渠道的增多,媒介技术的发展,美国新闻教育正走向规范化、专业化、多元化。

  本文以美国两所顶尖新闻学院——哥伦比亚大学(Columbia University)新闻学院和密苏里大学新闻学院为例,略述美国新闻专业教育的特点、优势及其对我国新闻教育的借鉴意义。

---

 * 林露涵,纽约大学(New York University)公共关系传播专业硕士。

一、美国新闻专业教育概况

台湾新闻学教授郑贞铭曾在《中外新闻传播教育》一书中对美国新闻教育模式进行过经典概括：一是以实务训练为本位，重视实际业务技能的培养，采访、写作、编辑、评论等基础业务课程非常充实。二是以社会科学为依归，重视社会科学理论素质的培养。新闻专业一般都开设传播学、政治学、经济学、法学、历史学、社会学、文化人类学等课程。三是以人文主义为目的。大学新闻系都设有以新闻伦理和新闻道德为内容的课程，其目的是培养未来记者的新闻自律意识和职业规范，同时提高他们的社会责任感和新闻正义感，作为新闻工作者能够扮演舆论监督和道德仲裁人的社会角色。

美国的新闻教育自诞生之日起就一直沿袭着职业化的发展轨迹，强调实务训练和实践技能的养成。随着传媒行业的发展，美国新闻专业愈发强调实务新闻的教育，多数学校有自办的报纸、杂志、广播、电视台等媒介为学生提供真实的工作环境和实践平台，并且学校会与当地有影响力的媒体进行合作，为学生提供实习机会，使学生一毕业就带着足够的工作经验入职。

同时，美国的新闻专业教育又是多元化的。20 世纪 30 年代中期，美国新闻教育就已开始授予新闻学硕士、博士学位。如今，美国的新闻学院提供的学位有新闻类学士学位、新闻类文学硕士学位和理学硕士学位、传播学博士学位和与其他院系合作的双学位。

本文所选取的两所新闻学院不仅秉承美国新闻专业教育的经典模

式,而且随着时代发展不断变革,是美国新闻专业教育的佼佼者。哥伦比亚大学是唯一拥有新闻学院的常春藤大学,也是普利策新闻奖的依托单位,其新闻研究生院是全美乃至全世界最优秀的新闻学院之一。密苏里大学新闻学院是美国最古老的新闻学院,是美国第一所开设新闻学硕士和博士学位课程的大学,其悠久的历史和高质量的新闻教育在国际上享有盛誉。

二、美国新闻专业教育的特点

本文以哥伦比亚大学和密苏里大学新闻学院为例来分析美国新闻专业教育的特点。

(一)学位设置多样,专业化程度高

美国新闻专业教育层次分明,学位设置细致,专业化程度高。新闻学院除了提供传统的新闻采编、广播电视、新闻摄影、杂志出版等专业内容,还提供各种以互联网为基础的新媒体相关专业。

哥伦比亚大学新闻学院虽然只提供研究生教育,而且硕士学位教育只用一年时间完成,但其提供了 4 个不同层次的学位:理学硕士学位、文学硕士学位、双学位和传播学博士学位。理学硕士学位是哥伦比亚大学新闻学院的基础学位,有 3 个专业方向:数据新闻、调查性新闻和纪录片制作。文学硕士学位是理学硕士学位的拓展和深入,可作为第二学位来修读,设有 4 个专业方向:艺术和文化新闻、商业和经济新闻、政治新闻、科学健康和环境新闻。该学位只招收具有 3~15 年工作经验的新闻记

者。另外,新闻学院共设有 5 个方向的双学位:商业、计算机科学、国际和公共事务、法律、宗教。

密苏里大学新闻学院提供本科教育和研究生教育。在本科教育中,专业方向有 6 个:新闻整合、杂志新闻、新闻摄影、数字新闻、广播电视新闻以及策略传播。在这些专业方向中,又细分出 30 多个兴趣领域供学生选择,如艺术与文化新闻、商业与经济新闻、多媒体设计、新闻摄影等。在其硕士教育中,有 20 多个两年学制的专业方向,如环境报道、国际新闻、杂志编辑、公共政策等。其博士学位有 6 个专业方向:健康传播、新闻史、道德和法律、大众传播、媒介历史、说服力以及政治传播。

值得一提的是,无论硕士学位还是博士学位,为保证学生选择专业的灵活性,学生可以根据自己的兴趣爱好在教师的建议下选择自己的专业方向。这种教育模式可视为专业细分的深化和扩展,是个性化教育的最高层次。

两所新闻学院都提供在职课程、在线课程、国外交换学生计划,研究机构伙伴计划等各种学习途径。不管是本科教育还是研究生教育,美国新闻专业教育都为学生提供了丰富的选择和更明确具体的专业内容,以适应学生的个性化需求。

(二)课程设置多元,实务教学为主

美国新闻专业教育的课程计划涉及范围很广,覆盖新闻出版、广播电视、新媒体、广告、媒介经营管理等。其课程设置的特点是重视新闻写作能力,着重实际业务方面的课程。

哥伦比亚大学新闻学院较少教授新闻理论,其核心课程都是讲怎样写好新闻、制作新闻。如报道与写作、杂志写作、电视新闻制作、广播新闻

制作等。在理学硕士学位下,学生先由 11 周的采访课开始学习,包括 4 周的多媒体训练和 7 周的采访写作方法训练。在文学硕士学位下,则有专门的信息搜集处理分析课,教授学生如何处理采访得来的信息以及如何进行逻辑分析。学院认为学生在就读新闻学院之前就应该掌握了本专业或其他学科的理论基础,在哥伦比亚大学新闻学院学生应该学习的是如何写好新闻。

密苏里大学新闻学院自创立以来,一直实践着沃尔特·威廉姆斯倡导的"学习新闻最好的方式是动手实践"的理念。从课程设置看,密苏里大学新闻学院将本科和研究生教育的层次拉开,本科教育立足于拓宽人文社会科学基础以培养通用型的新闻传播人才,硕士生教育立足于强化专业训练以培养高层次的媒体专业人才,而博士生教育则培养新闻传播科研型人才。

在硕士教育中,其核心课程主要包括面向所有专业方向的大众媒体讨论会、研究方法课程和根据专业方向设置的核心课程,如新闻实践、大众媒介研讨会、新闻报道等。硕士教育的专业方向也是侧重实践类,比如杂志新闻,其专业方向就分为杂志设计、杂志编辑和杂志写作,再如广播电视新闻,其专业方向又分为强调播音的新闻报道、强调电视的新闻报道、有经验要求的电视新闻报道以及有经验要求的深度广播电视新闻报道。无论是哪一种专业方向,均是实务教学方面的细分。

(三)校内校外结合,实践平台丰富

美国新闻教育不仅重视校内媒体实践平台的建设,更积极探寻与社会化媒体接轨的平台,试图为学生提供更加真实的媒体实践环境。

哥伦比亚大学新闻学院拥有十多家新闻专业机构,让学生拥有大量

实践机会。哥伦比亚大学电视台、哥伦比亚观察家日报社、哥伦比亚大学出版社等都为学生提供了丰富的实践平台。同时,地处纽约市曼哈顿的绝佳地理位置,《纽约时报》、美国广播公司、哥伦比亚广播公司等全美一线媒体更是为新闻学院的学生提供了大量绝佳的实践机会。

密苏里大学新闻学院拥有的媒介组织与真正的媒介集团没有差别。密苏里大学新闻学院除了拥有密苏里大学所在地哥伦比亚市的一份主流商业报纸 *Columbia Missourian* 外,还有自己的电台和电视台。电视台成立于 1953 年,拥有国际一流的演播设备,是全美电视网络的组成部分。此外,学院还出版有 *VOX* 和 *Global Journalist* 等杂志。这些媒体的日常工作由专职员工、兼职教师和实习生共同完成。

密苏里大学新闻学院提出了自己的"密苏里方法",学院坚持"学生在传媒工作实践中比仅仅在课堂讨论中学到的更多"的理念,为学生提供真实的职业环境。其秘诀就是把学校新闻专业教育的最终目标定位在专业的职业训练上,确保学生离开学校即可胜任所从事的工作。

(四)考核形式灵活,不局限于论文

美国新闻教育以实务教学为核心,因此其对学生的毕业考核并不局限于毕业论文,学生还可选择完成新闻作品交由教师考核。

哥伦比亚大学新闻学院的硕士生需要写一篇 8000~10000 字的深度报道,或制作 30 分钟的电视深度报道节目,并不要求必须发表或播出,导师评价合格就行。

密苏里大学新闻学院的硕士论文考核可以是完成新闻作品,也可以是写理论性的文章,本科生则根本不要求写毕业论文。学院认为,在本科学习过程中,其他的课程对学生写作能力的锻炼已经能达到本科生的培

养目标,所以不再要求专门写毕业论文。

(五)发展中求变革,不断创新教学

美国新闻教育强调在发展中不断变革,以创新的教学内容适应社会发展及应对人才需求。

哥伦比亚大学新闻学院硕士生培养学制原本为一年,但随着媒体对新闻人才提出更高的要求,学院于 2003 年 9 月推出了一项教学改革,在理学硕士学位的基础上新增为期一年的文学硕士学位。修读文学硕士学位有利于学生奠定更宽广的知识基础,进一步强化新闻记者的专业能力。

由于新媒体变革在新闻领域的影响持续加深,在计算机科学与新闻学进一步融合的趋势下,哥伦比亚大学新闻学院从 2011 年开始招收第一批新闻学与计算机科学双学位硕士生,招生对象为拥有计算机科学、数学或工程学术背景,具有超强写作能力并熟悉采访基础知识的学生。

随着媒介技术的不断发展,密苏里大学新闻学院也在课程设置上不断创新。在媒介融合的大背景下,从 2005 年开始,密苏里大学新闻学院就颇具前瞻性地增设了媒体融合的本科专业,随后在其研究生教育中也开设了相应的研究方向和课程,并成立了密苏里数字新闻中心。在这个综合新闻实验室里,报纸、电视、广播、新媒体等专业的学生一起工作,为密苏里报业协会、密苏里广播协会等提供新闻。

三、美国新闻专业教育的优势

先进的教育理念是美国新闻专业教育的最大优势。美国新闻教育思

想经历了从自由主义到实用主义,再到科学人文主义的发展历程,其中又贯穿了世界意识及民主教育等思想,这些思想对推动美国新闻教育的发展产生了积极的影响。

受美国 20 世纪初工业大发展时期对外扩张政策的影响,沃尔特·威廉姆斯就提出了新闻教育国际化的教育理念。第一次世界大战期间,美国读者对国际新闻的需求不断增加,各大报纸越来越多地报道世界各地的政治经济新闻。沃尔特·威廉姆斯意识到新闻是具有世界影响力的,新闻记者的视野不应局限于社区和国内。他进而提出新闻教育应该培养具有国际化视野的未来新闻从业者。

新闻教育理念的形成基于相应的历史和文化背景。美国是一个强调民主与自由的国家,美国新闻界以客观性、真实性、自主性、独立性为特征,倡导为社会和公众服务,进而强调新闻专业主义理念。在此背景下,各类新闻院校不仅看重实践技能的培养,更注重对教学理念的创新发展。在此教育理念下,各类新闻院校对学生的培养目标各具特色,如哥伦比亚大学新闻学院强调专业主义精神,培养实践型人才;密苏里大学新闻学院强调掌握多种传媒技术,注重培养新闻传播型人才。

四、美国新闻专业教育的借鉴意义

他山之石,可以攻玉。美国是全球最早开启新闻传播专业教育的国家,拥有全球规模最大、最完备的新闻传播学教育体系。美国新闻专业教育对我国的新闻教育具有借鉴意义。

（一）设置多个专业方向，满足学生个性化需求

美国新闻教育的专业方向可谓变化多端、层出不穷。由最传统的新闻采、写、编、排、摄，到以新媒体技术为依托的相关专业方向，如数字新闻和媒体融合，还有以其他专业方向为依托的双学位专业方向等，美国新闻教育力图在紧跟时代步伐的同时，满足学生的个性化需求。目前我国很多新闻院校的专业方向设置有向美国新闻教育模式靠拢的趋势，但精细化程度仍难以企及。特别是在学校统一管理的模式下，教师和学生的自主性不强，学生的个性化教育较难实现。密苏里大学新闻学院不仅提供大量的兴趣课程和专业方向供学生选择，还允许学生根据自己的需求选择属于自己的专业方向。这样的教育模式值得借鉴。

（二）强调媒体平台建设，实践内容走出校园

较好的硬件条件可以为优质实践内容的输出打好基础。一个具备独立生产制作新闻节目条件的新闻院校，可以让学生获得较丰富的媒体实践。比如密苏里大学新闻学院，其媒体融合训练内容丰富，训练设施相对完备，有多媒体实验室、融合专训室及广播实验室。训练内容主要包括创建、管理网站，制作音频、视频等，学生需要完成从调查、采访到编辑、传送的全部流程。

同时，学生的实践内容不应局限于校内，在新媒体技术日趋发达的今天，学校可以探索新媒体的社会化运作，积极寻求与各大媒体的合作机会，为学生提供更真实的媒体实践。美国新闻院校就是充分利用自身和业界的媒介资源，营造社会化的学习环境，实现校内外的互动与交流，从而培养出动手能力很强的新闻人才。

(三)丰富毕业考核形式,以实践为检验标准

新闻专业是实践性、应用性很强的专业。美国新闻教育有丰富的毕业考核形式,以实践为检验标准。所以新闻专业学生在毕业考核中,不必局限于撰写毕业论文,写出、拍摄出好的新闻作品同样也能体现其专业素养。例如,学生可以在毕业论文、深度报道、评论文章或新闻作品中选择一项作为毕业考核依据。如此可以检验学生在毕业之时是否具备独立完成一项新闻工作的能力。

(四)满足社会人才需求,教育教学与时俱进

媒体技术在不断变革,新闻人才需求也在不断变化,新闻教育应当紧跟时代步伐,不断改进与创新。自美国第一所新闻学院创立以来,美国各新闻院校都在课程设置、教育模式等方面不断进行变革,专注培养适应媒介融合时代的新闻人才。

中国的新闻专业教育在发展的道路上依然有许多问题亟待解决,从完善人才培养模式,改进教学手段和方法,到新技术的有效应用等,都是对中国新闻教育的考验。在学习和借鉴美国等新闻教育发达国家经验的基础上,拓展新闻教育的新思路,培养具有广阔视野与独立创新能力的综合性新闻传播人才,可为我国的新闻教育事业注入鲜活的力量。

参考文献

[1] 陈维璐,胡艳.对近十年美国新闻教育新特征的探析[J].西南交通大学学报(社会科学版),2005(3):40—44.

[2] 吴信训.美国新闻教育扫描及启示[J].新闻记者,2006(7):82—85.

[3] 蔡雯,周欣枫.美国新闻教育改革的经典个案(上)——对美国哥伦比亚

大学新闻学院的调研报告[J].国际新闻界,2005(5):45—50.

[4] 吕一品.美国新闻教育的理念与启示[J].传媒观察,2010(6):41—42.

[5] 赵树旺.体验美国新闻学教育[J].新闻战线,2013(7):113—115.

[6] 高晓瑜."密苏里方法"的借鉴与启示——密苏里大学新闻实践教育的理念与模式探析[J].中国高校科技,2014(11):46—47.

[7] 岳芹芹.媒介融合时代中国新闻教育的发展出路——美国密苏里新闻教育的启示[J].河北经贸大学学报(综合版),2014(4):10—14.

[8] 林牧茵."密苏里模式"与中国报业近代化[J].复旦学报(社会科学版),2013(5):143—152.

[9] 吴锋,陈雯琪,章于炎.美国新闻传播教育的最新进展与改革趋向——基于美国十所顶尖新闻传播学院的调查统计研究[J].现代传播(中国传媒大学学报),2014(3):135—139.

[10] 辛欣.美国新闻教育思想的源流与发展[J].现代传播(中国传媒大学学报),2012(2):120—123.

后 记

　　本书是笔者所负责的浙江省教育科学规划研究课题,课题组成员对国内外高校新闻专业实践教育进行了较为深入系统的研究,形成了13篇论文,最终汇编成本书。

　　课题组由业界和学界的专家组成,既有经验丰富的"双师型"教师,又有多年从事新闻专业教育的研究者,团队结构合理,学有专攻。他们对国内外部分高校的新闻专业教育和实践教育进行了细致的研究和深入的比较,如国内的复旦大学、南京大学、浙江大学城市学院、浙江树人大学、世新大学(台湾)、香港浸会大学,国外的哥伦比亚大学、密苏里大学、佛罗里达大学、西蒙弗雷泽大学、伦敦城市大学、谢菲尔德大学等。课题组成员克服了时间紧、战线长的困难,付出了辛苦的劳动,终于完成了各自的任务,在此对他们表示由衷的感谢!

　　本书从实践教育创新的视角,探索当今高校实践教育创新的经验,对实践教育的发展趋势进行了认真仔细的调查研究,是一部总结新闻专业教育特别是实践教育研究,兼具应用性与专业性的论文集,可供广大新闻实践者、新闻教育工作者和研究者参考使用。书稿中还存在一些不足之处,恳请广大读者不吝指正。

王明光

2016 年 10 月